후리가케부터 오니기리, 밥케이크까지!

한입에 주먹밥

요리 **김봉경 & 최승봉**

수작걸다

맛있는 주먹밥의 기본 원칙 5

1 밥짓기 ▸▸▸
다시마 한 조각과 청주 조금

주먹밥용 밥을 지을 때는 꼭 다시마 한 조각과 청주를 조금 넣어주세요. 다시마는 감칠맛을, 청주는 쌀의 잡내를 없애줍니다. 밥이 완성되면 식기 전에 간을 하세요. 밥이 뜨거울 때 간을 해야 밥알 하나하나에 간이 잘 배어요.

2 기본 간 ▸▸▸
배합초, 장아찌국물 등 입맛대로 선택

주먹밥에 넣는 밥의 기본 간은 참기름과 소금이지요. 하지만 밑간은 속재료에 따라 달라져야 맛납니다. 해산물로 만든 속재료라면 식초와 설탕, 소금으로 맛낸 배합초를, 고기가 들어간 속재료에는 칼칼한 장아찌 국물을 소스처럼 활용해도 좋습니다.

3 섞기 ▸▸▸
주걱으로 가르듯 섞기

밥에 소금과 참기름, 또는 배합초 등을 넣고 밑간할 때는 주걱을 이용해 밥을 가르듯 섞어주세요. 그래야 밥알들이 으깨지지 않아요. 주걱에 식초물(물 1컵, 식초 1/2작은술)을 묻혀서 사용하면 밥이 빨리 쉬는 것도 막을 수 있어요.

4 뭉치기 ▸▸▸
조리에 맞는 모양 선택

주먹밥은 만드는 방법에 따라 그 맛도 달라져요. 속재료를 밥 안에 넣을지, 처음부터 밥에 섞을지, 밥에 감쌀지… 미리 결정해야 하지요. 속재료를 안에 넣었다면 둥근 모양, 밥에 재료를 섞었다면 삼각 모양이 잘 어울려요.

5 보관하기 ▸▸▸
매실장아찌 이용하기

주먹밥을 만들고 난 뒤 한참 뒤에 먹어야 한다면 매실장아찌를 이용해보세요. 매실 씨를 뺀 과육을 따로 장아찌를 담갔다 주먹밥에 넣으면 매실의 살균 효과가 밥이 쉬는 것을 막아줍니다.

⟨한입에 주먹밥⟩ 책보기 설명서

1. 조리법에 따라 ▸▸▸
속재료를 감추거나 섞거나 올리거나

주먹밥은 속재료의 타입에 따라 그 조리법도 달라집니다. 주먹밥 겉면에 가루를 덧입히는 후리가케 타입, 속재료를 주먹밥 속에 감추는 필(Fill) 타입, 속재료와 밥을 섞어 주먹밥을 만든 믹스(Mix) 타입, 속재료를 주먹밥 위에 올리는 토핑(Topping) 타입, 잎채소나 지단 등으로 감싸주는 랩(Wrap) 타입, 각각의 속재료를 켜켜이 올리는 케이크(Cake) 타입까지 다양한 방법으로 만드는 주먹밥을 다루었습니다.

2. 메뉴에 따라 ▸▸▸
한식 재료와 비스트로의 감성이 만나다

한식 조리사와 이탈리안 셰프가 만들어낸 색다른 주먹밥의 세계로 안내합니다. 한식 재료에 이탈리안 조리법을 더한, 참신한 주먹밥 메뉴를 만들었습니다. 콩콩볼로네제 주먹밥, 까르보나라 주먹밥, 아란치니 주먹밥, 알리올리오 주먹밥, 라따뚜이 주먹밥… 그 맛도 자신 있습니다.

3. 일러두기 ▸▸▸
재료 및 분량 기준

▸ 모든 메뉴는 2인(큰 주먹밥 2개/작은 주먹밥 5개) 분량입니다.
▸ 2인 기준 밥 1공기(200g) 입니다.
▸ 밥 1공기(200g)별 기본 밑간은 참기름 1작은술+소금 1/4작은술, 기본 배합초는 식초 1/2큰술+설탕 1/3큰술+소금 1/5큰술입니다.
▸ 사용한 김은 시중 판매하는 김밥용 김(19cm×21cm)입니다.
▸ 컵은 계량컵 기준입니다. 계량컵 1컵=종이컵 1과1/9컵.
▸ 양념류는 계량스푼 기준입니다.
  • 계량스푼 고추장 1큰술= 밥숟가락 수북이 1큰술
  • 계량스푼 간장 1큰술= 밥숟가락 1과1/3큰술
  • 계량스푼 올리고당 1큰술= 밥숟가락 1과1/3큰술
▸ 채소는 중간 크기, 1개 기준 200g입니다.
  • 당근 1개 · 애호박 1개 · 감자 1개 · 양파 1개=200g
  • 부추 한줌 · 미나리 한줌 · 맛타리버섯 한줌=50g
  • 대파 흰부분 1대=10cm, 마늘 1쪽=5g

CONTENTS

INFO

주먹밥 INFORMATION

1. 주먹밥의 시작, 재료 준비 ›› 12P
2. 주먹밥의 기본, 모양 잡기 ›› 16P
3. 주먹밥 만드는 노하우 6 ›› 20P
4. 주먹밥 맛내기, 컬러별 후리가케 만들기 ›› 24P
5. 주먹밥 곁들임 메뉴 ›› 28P

PART 1

HURIKAKE TYPE

카레버섯후리가케 주먹밥 ›› 34P

자투리채소후리가케 주먹밥 ›› 36P

잔멸치채소후리가케 주먹밥 ›› 37P

황태청양고추후리가케 주먹밥 ›› 38P

새우검은깨고추씨후리가케 주먹밥 ›› 39P

빨간닭가슴살후리가케 주먹밥 ›› 40P

PART 2

FILL TYPE

콩콩볼로네제 주먹밥 ›› 44P

참치고추장볶음 주먹밥 ›› 48P

뿌리채소된장 주먹밥 ›› 49P

훈제오리볶음김치 주먹밥 ›› 50P

매콤오징어채 주먹밥 ›› 51P

가츠오부시오꼬노미 주먹밥 ›› 52P

까로짜 주먹밥 ›› 54P

게살날치알마요네즈 주먹밥 ›› 55P

매콤제육치즈 주먹밥 ›› 58P

마늘쫑달걀스크램블 구운 주먹밥 ›› 59P

명란청양고추 주먹밥 ›› 60P

PART 3

MIX TYPE

까르보나라 주먹밥 ›› 66P

디아볼라 주먹밥 ›› 67P

쇠고기오이볶음 주먹밥 ›› 68P

낙지볶음 주먹밥 ›› 70P

된장닭구이 주먹밥 ›› 71P

참나물 구운 주먹밥 ›› 72P

밥새우꽈리고추 주먹밥 ›› 73P

카레감자옥수수 주먹밥 ›› 74P

알리올리오 주먹밥 ›› 76P

아란치니 주먹밥 ›› 77P

CONTENTS

PART 4

TOPPING TYPE

유부보따리 주먹밥 ›› 80P
닭가슴살와사비마요네즈 주먹밥 ›› 82P
황태보푸라기 주먹밥 ›› 83P
연근초절임 주먹밥 ›› 86P
오이페타치즈 주먹밥 ›› 88P
구운 대파밥새우 주먹밥 ›› 89P
라따뚜이 주먹밥 ›› 90P
간장깨메추리알 주먹밥 ›› 92P
새우날치알 주먹밥 ›› 93P
새우연겨자샐러드 주먹밥 ›› 96P
연어타르타르 주먹밥 ›› 97P
콩샐러드 주먹밥 ›› 98P

PART 5

WRAP TYPE

햄말이 주먹밥 ›› 102P
유부채소 주먹밥말이 ›› 104P
구운 찹쌀두부 주먹밥 ›› 105P
묵은지쌈 주먹밥 ›› 106P
케일쌈 주먹밥 ›› 107P
쇠고기로 감싼 주먹밥 ›› 108P
주먹밥을 품은 표고버섯 ›› 109P
양배추쌈 주먹밥 ›› 112P
깻잎장아찌쌈 주먹밥 ›› 113P
달걀쌈 주먹밥 ›› 114P

PART 6

CAKE TYPE

매콤달콤새우 밥케이크 ›› 120P
베이컨오이날치알 밥케이크 ›› 121P
매콤고기볶음 밥케이크 ›› 122P
오므라이스 밥케이크 ›› 123P
카레소스 밥케이크 ›› 124P
보리열무김치 컵밥 ›› 128P
층층봄나물 컵밥 ›› 129P
옛날도시락 컵밥 ›› 130P

BONUS

주먹밥으로 싸는 한입 도시락

힐링 도시락 ›› 132P
다이어트 도시락 ›› 133P
피크닉 도시락 ›› 134P
도시락 선물 ›› 135P

주먹밥
INFORMATION

1. 주먹밥의 시작, 재료 준비
2. 주먹밥의 기본, 모양 잡기
3. 주먹밥 만드는 노하우 6
4. 주먹밥 맛내기, 컬러별 후리가케 만들기
5. 주먹밥 곁들임 메뉴

1. 주먹밥 INFORMATION
주먹밥의 시작, 재료 준비

주먹밥은 속재료에 따라 맛이 달라지지만, 그래도 역시 맛의 핵심은 밥에 있습니다. 주먹밥의 기본 재료에 대해 알아봅니다.

기본재료 준비

다시마

밥의 감칠맛을 주는 다시마는 겉면에 흰 분이 고루 퍼져 있고 두께가 도톰한 게 맛이 좋지요. 잔주름이 덜한 것으로 고르세요. 남은 다시마는 꼭 밀봉해 어두운 곳에 보관해야 색이 변하지 않습니다.

쌀

주먹밥에 사용될 쌀은 햅쌀보다 묵은 쌀을 권합니다. 햅쌀은 묵은 쌀에 비해 수분 함량이 높아 밥이 더 차져 질게 느껴질 수 있지요. 묵은 쌀로 밥을 지어야 고슬고슬하게 밥알이 삽니다.

소금

밥의 밑간에 꼭 필요한 소금은 구운 소금이나 입자가 고운 소금을 사용합니다. 그래야 밥과 섞었을 때 고루 간이 잘 되지요. 굵은 소금만 있다면, 살짝 볶아 믹서나 커터기에 갈아서 사용하세요.

청주

주먹밥 밥을 지을 때 청주를 넣으면 잡냄새를 없애주면서 단맛을 높여주지요. 청주는 투명한 빛깔일수록 깔끔한 맛이 더합니다.

참기름

주먹밥에 고소함을 책임지는 참기름은 투명하면서도 밝은 황금빛을 띠는 게 좋습니다. 너무 진한 갈색은 쓴맛이 나 음식의 맛을 방해할 수 있으니 주의하세요.

주먹밥용 밥짓기

생쌀 1과1/2컵 → 불린 후 쌀은 2와1/4컵, 물 2컵

1단계

쌀 씻기
밥짓기에 있어 가장 중요한 순간은 쌀을 씻을 때의 첫물입니다. 곡식이 처음 닿는 수분을 최대한 흡수하기 때문이지요. 첫물은 가능한 생수나 정수된 물을 사용하고 재빨리 씻어서 버리세요. 이후 3~4회 정도는 살짝 문질러서 씻어줍니다.

2단계

쌀 불리기 & 물기 빼기
씻은 쌀은 잠길 만큼의 물을 부어 10분간 불렸다가 체에 밭쳐 물기를 빼주세요. 물기가 빠진 쌀은 위생백에 넣고 냉장고에서 1시간동안 둡니다. 솥에 불린 쌀보다 1/4컵 정도 적은 양의 물을 붓고 밥을 지어요.

3단계

밥 간하기
밥이 뜨거울 때 참기름과 소금을 넣고, 주걱을 세워 아래에서 위로 밥을 가르듯이 가볍게 섞어줍니다. 이때 주걱에 식초물(물 1컵 + 식초 1/2작은술)을 묻혀 사용하면 밥이 빨리 상하는 걸 방지해줍니다.

밥짓기
솥에 다시마 한 조각과 청주 1작은술을 더해 밥짓기를 시작합니다. 청주는 취향에 따라 빼도 됩니다. 불에 올려 센 불에서 5분 끓여 밥물이 끓어오르면 5분 더 끓여주세요. 이후 중불로 낮추어 3~5분 끓여 쌀알이 퍼지면 약한 불로 낮춰 10분간 뜸 들여 완성하세요.

4단계

주먹밥 모양내는 도우미

주먹밥 틀
시중에 파는 주먹밥 틀을 사용해도 모양이 부서진다면 랩을 이용하세요. 주먹밥이 단단한 느낌이 나도록 살짝 눌러주면서 틀에 넣어야 밥알 사이사이에 틈이 없어 부서지지 않습니다.

반찬통
집에 있는 다양한 모양의 반찬통은 주먹밥 모양을 내는 좋은 도구이지요. 반찬통에 랩을 깐 뒤에 주먹밥을 넣으면 쉽게 뺄 수 있습니다. 이후 주먹밥을 꺼내 다시 랩을 감싸 모양을 잡아주세요. 모양이 흐트러지지 않는 비결이에요.

사각 얼음 틀
아기자기한 크기의 주먹밥을 만들 때는 얼음 틀 안쪽에 기름을 발라 이용하세요. 얼음 틀이 너무 작아 주먹밥이 잘 떨어지지 않는다면 이쑤시개로 주먹밥과 틀 사이를 살짝 띄웁니다.

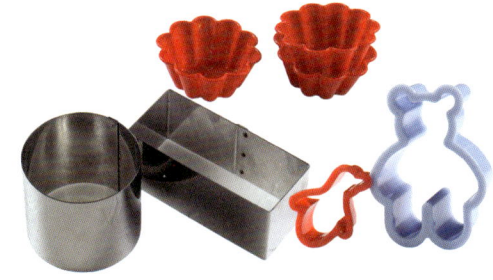

Q&A

밑간할까? 배합초할까?

주먹밥용 밥은 참기름과 소금으로 밑간을 하거나, 배합초로 섞지요. 새우나 참치, 날치알 등 해산물 재료로 속재료를 만들었거나, 오이 또는 샐러드 토핑을 올렸다면 배합초가 어울립니다. 배합초의 기본 비율은 밥 1공기(200g)당 식초 1/2큰술, 설탕 1/3큰술, 소금 1/5큰술입니다.

베이킹 틀
쿠키나 빵을 만드는 원형 또는 사각 틀로 주먹밥 모양을 낼 때에는 틀 안쪽에 오일을 바른 뒤 주먹밥을 넣거나 위생백을 이용하세요. 위생백을 잘 펴 틀 안에 넣고 그 위에 주먹밥을 넣어야 틀과 주먹밥이 쉽게 분리되어요.

2 주먹밥 NFORMATION

주먹밥의 기본, 모양 잡기

주먹밥의 하이라이트는 모양 잡기에 있지요.
시중에서 판매하는 주먹밥 틀을 이용하면 보다
간편하게 만들 수 있지만, 거기에도 요령이 필요합니다.
둥근 모양, 삼각 모양, 사각… 기본 모양내는 법을
소개합니다.

둥근 모양

작은 볼과 랩을 활용해 누구나 쉽게 원형, 타원형의 둥근 모양을 만들 수 있어요. 포인트는 마지막 단계에서 랩으로 한 번 감싸 당겨서 둥근 모양을 고정시킨다는 겁니다. 그래야 모양도 잘 잡히고, 주먹밥 안에 있는 속 재료도 단단하게 모아져 깔끔한 주먹밥이 만들어집니다.

1. 중간 사이즈 또는 작은 볼에 랩을 펴서 깐다.

2. 랩 위에 미리 만들어둔 한입 분량의 주먹밥을 넣는다.

3. 랩의 사방을 모아 오므리면서 동그랗게 만든다.

4. ❸에 랩을 한 번 더 감싸 모양을 견고하게 고정시킨다.

 COOKING TIP

둥근 모양 주먹밥의 김 장식

장식 1 — 김을 열십자 모양으로 4등분해 다시 6등분한 뒤 주먹밥 가운데에 띠를 두른다.

장식 2 — 김을 열십자 모양으로 4등분해 다시 3등분한 뒤 주먹밥의 가운데를 감싼다.

장식 3 — 김을 위생백에 넣고 부신다. 주먹밥을 위생백에 넣고 굴려가며 김가루를 묻힌다.

삼각 모양

주먹밥의 기본은 삼각 모양이지요. 속재료를 밥과 섞어 뭉치는 주먹밥에 잘 어울리는 모양입니다. 삼각 모양을 잡을 때는 밥을 넣고 꾹꾹 눌러 단단하게 만들어주는 게 중요합니다. 주먹밥이 완성되면 손에 묻어나지 않도록 김으로 장식해주세요.

1. 중간 볼에 랩을 깔고 밥을 넣어 모양을 잡는다.
2. 둥근 모양의 주먹밥을 눌러 납작하게 만든다.
3. 양손의 엄지와 검지를 이용해 주먹밥을 삼각 모양으로 잡는다.
4. 손으로 주먹밥을 잡을 부분을 김으로 장식한다.

COOKING TIP

삼각 모양 주먹밥의 김 장식

장식 1
김을 열십자 모양으로 4등분한 뒤 다시 3등분해 주먹밥 아래 부분의 중앙을 감싼다.

장식 2
김을 세로 방향으로 10등분한다. 주먹밥 테두리 3면을 김으로 감싼다.

장식 3
김을 세로 방향으로 6등분한다. 주먹밥 중앙에 김을 감싼다.

사각 모양

사각 모양의 주먹밥을 만들 때는 집에 있는 반찬통을 이용하세요. 반찬통마다 사각의 모양이 약간씩 달라 다양한 모양을 내기에 안성맞춤이지요. 사각 모양은 주로 속재료를 주먹밥 위에 토핑처럼 올리는 타입에 잘 어울립니다. 랩을 벗긴 뒤에 한 번 더 모양을 단단하게 잡아주는 게 좋아요.

1. 사각 틀에 오일을 바르거나 랩을 깐다.
2. 랩 위에 주먹밥을 조심히 올린다.
3. 밥알이 단단해지도록 주걱을 이용해 꾹꾹 누른다.
4. 랩의 사방을 당겨 주먹밥을 꺼낸 뒤 사각 모양을 한 번 더 잡아준다.

COOKING TIP

사각 모양 주먹밥의 김 장식

장식 1 김을 열십자 모양으로 4등분한 뒤 다시 5등분한다. 김 2장을 열십자 모양으로 감싼다.

장식 2 김을 열십자 모양으로 4등분한 뒤, 다시 5등분한다. 주먹밥 아래 부분의 중앙을 감싼다.

장식 3 김을 세로 방향으로 5등분한다. 주먹밥의 대각선을 잇듯이 감싼다.

3 주먹밥 INFORMATION

주먹밥 만드는 노하우 6

같은 모양의 삼각 주먹밥이라도 조리방법에 따라 천차만별의 주먹밥이 탄생됩니다. 밥 속에 재료를 감추는 타입, 밥과 섞는 타입, 밥을 감싸는 타입 등 주먹밥을 만드는 6가지 방법을 소개합니다.

HURIKAKE TYPE

자투리 채소나 해산물을 건조해 가루를 내면 딱히 속재료가 없을 때도 손쉽게 주먹밥을 만들 수 있지요. 주먹밥 전체에 후리가케를 묻히려면 위생백에 후리가케와 주먹밥을 넣어 굴리고, 한 면 또는 테두리만 묻히고 싶으면 젓가락으로 후리가케를 묻혀주세요.

1. 위생백에 주먹밥에 묻힐 후리가케를 넣는다.

2. 모양 잡은 주먹밥을 후리가케 넣은 위생백 안에 넣는다.

3. ❷에 공기를 넣어 풍선처럼 만든 후 살짝 흔든다.

TOPPING TYPE

재료를 얹어 장식하는 토핑 타입도 주먹밥을 만드는 기본 방법 중 하나입니다. 대체로 새우처럼 큰 토핑은 주먹밥 모양을 잡을 때 함께 넣어서 고정시켜주고, 샐러드처럼 재료를 드레싱에 섞은 속재료는 김이나 슬라이스한 채소로 밥 둘레를 감싼 뒤 위쪽에 토핑해주세요.

1. 볼에 랩을 깔고 토핑할 재료를 먼저 넣는다.

2. 토핑용 재료가 보이지 않도록 위에 밥을 얹는다.

3. 랩의 사방을 당겨 두 손으로 삼각 모양을 잡는다.

FILL TYPE

재료를 주먹밥 속에 넣을 때에는 완전히 감출지, 샌드처럼 사이에 속재료를 보이게 할지를 결정하세요. 샌드처럼 만들고 싶을 때는 삼각 틀을 활용해야 모양이 잘 잡혀요. 재료를 감추고 싶다면 손가락으로 꾹 눌러 속재료 공간을 만들어줍니다.

1. 틀에 랩을 펴고 밑간한 밥-속재료-밑간한 밥 순서로 올린다.

2. 뚜껑을 닫고 꾹 눌러 밥과 재료가 잘 붙도록 한다.

3. 틀에서 빼낸 뒤 한 번 더 삼각 모양을 잡고 랩을 벗긴다.

MIX TYPE

밑간한 밥과 속재료를 섞는 믹스 타입은 재료와 밥알이 잘 어울리는 게 중요합니다. 가능한 재료를 곱게 다져 넣고 양념하세요. 그래야 밥알과 재료가 잘 뭉칩니다. 재료에 따라서는 다지지 않고 모양을 살려 넣어도 좋습니다.

1. 준비한 속재료를 밑간한 밥과 고루 섞는다.

2. 볼에 랩을 펴고 ❶을 올리고 꾹꾹 누른다.

3. 랩의 사방을 모아 단단하게 모양을 잡는다.

WRAP TYPE

잎채소에 주먹밥을 얹어 보자기처럼 쌈을 싸거나, 햄이나 유부, 달걀지단, 묵은지 위에 주먹밥을 얹고 돌돌 말아주세요. 주먹밥 속에 간단한 쌈장이나 고추장만 넣어도 그 맛이 좋답니다.

CAKE TYPE

케이크처럼 만드는 주먹밥입니다. 밑간한 밥-속재료-밑간한 밥-속재료 순으로 켜켜이 누르며 쌓지요. 포인트는 맨 아래에 넣는 밥입니다. 밥이 재료를 받쳐주는 지지대 역할을 해 틀에서 분리했을 때 케이크 모양이 유지됩니다.

1. 둥근 모양, 초밥 모양 등 밥의 모양을 미리 잡는다.

1. 틀 안쪽에 오일을 바른다. 위생백을 넣어도 좋다.

2. 넓은 잎채소나 달걀지단 등의 쌈에 ❶을 올린다.

2. 틀 바닥에 밥을 넣고, 재료와 밥을 번갈아 넣는다.

3. 데친 부추나 미나리를 이용해 복주머니 모양으로 묶는다.

3. 틀을 위쪽으로 올려 밥케이크를 분리한 뒤 위에 토핑을 올린다.

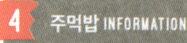

4 주먹밥 INFORMATION
주먹밥 맛내기, 후리가케 만들기

주먹밥의 맛을 더해주는 후리가케는 집에서 쉽게 만들 수 있지요. 후리가케용 채소는 깨끗이 씻은 뒤 체에 밭쳐 물기를 뺀 뒤, 키친타월로 한 번 더 닦아 사용하세요.

YELLOW HURIKAKE

단호박 1통(1kg), 고구마 2개, 황태채 1컵

1. 고구마는 껍질을 벗겨 단호박과 함께 얇게 슬라이스한다.
2. 슬라이스한 단호박, 고구마를 70℃로 맞춘 식품건조기에서 4~5시간 말린다.
3. 커터기에 말린 단호박, 고구마, 황태채를 넣어 간다.

* **옐로 푸드** 옥수수, 단호박, 고구마, 황태, 치즈, 치자, 감자, 강황

BLACK HURIKAKE

검은콩·흑미·참깨 1/2컵씩, 김 5장

1. 김은 구워 위생백에 넣어 부순다.
2. 커터기에 검은콩, 흑미, 참깨를 넣고 갈은 뒤 김가루와 섞는다.

* **블랙 푸드** 검은콩, 김, 파래, 함초, 다시마, 흑미, 흑임자, 미역, 톳

ORANGE & RED HURIKAKE

당근·파프리카 2개씩, 비트 1/2개, 참깨 1/2컵

1. 당근은 슬라이스하고 비트, 파프리카는 채썬다.
2. 슬라이스한 당근, 채 썬 비트와 파프리카는 식품건조기 70℃온도에서 4~5시간 말린다.
3. 커터기에 말린 당근, 비트, 파프리카, 참깨를 넣어 간다.

* 오렌지&레드 푸드 백년초, 토마토, 비트, 적양파, 연어, 파프리카, 당근, 치자, 자색고구마

GREEN HURIKAKE

시금치 1단, 양배추 5장, 파래김 4장, 참깨 1/2컵

1. 시금치는 작은 잎은 그냥 두고, 큰 잎은 양배추와 채 썬다.
2. 파래김은 앞뒷면을 살짝 구워 준비한다.
3. 준비한 시금치와 양배추를 70℃로 맞춘 식품건조기에서 4~5시간 말린다.
4. 커터기에 말린 시금치, 양배추, 파래김, 참깨를 넣고 간다.

* 그린 푸드 쑥, 파래, 양배추, 시금치, 대파, 녹차, 알로에

| 실전
| **반나절동안 후리가케 만들기**

딱 반나절만 있으면 컬러풀한 후리가케를 만들 수 있습니다. 집에 식품건조기가 없다면 재료를 최대한 얇게 채 썬 뒤, 약한 불로 달군 팬에서 볶아 곱게 가루를 내면 됩니다. 주먹밥에 컬러를 더하세요!

STEP 1

채 썰기
당근, 고구마, 단호박 같은 딱딱한 채소는 슬라이스하고, 수분이 많은 고추, 파프리카, 양배추 등의 채소는 채 썰어주세요. 얇게 썰수록 건조시간이 단축됩니다.

STEP 2

말리기
식품건조기에 말릴 때는 70℃를 유지해주세요. 너무 고온에서 말리면 색감이 잘 나오지 않아요. 수분이 많은 채소는 수시로 뒤집어야 곰팡이가 생기지 않지요.

STEP 3

분쇄하기
건조된 채소가 딱딱할수록 곱게 갈아주세요. 파프리카나 고추처럼 수분이 많은 재료는 조금 덜 갈아줘야 식감이 살지요.

COOKING TIP

입맛에 따라 넣어주세요!
후리가케에 공통으로 쓰이는 감미료

고소한 맛 → 말린 통깨
어떤 후리가케에서도 빠지지 않고 들어가는 통깨는 고소한 맛을 내는 재료입니다. 생 통깨라면 깨끗이 씻은 뒤 체에 밭쳐 물기를 뺀 후 달군 팬에 볶으세요.

매운 맛 → 말린 고추씨
시중에 판매하는 말린 고추씨를 구입해 커터기에 넣고 곱게 갈아 천연조미료로 사용하세요. 덜 갈리면 입안에서 거슬거리는 느낌이 드니 반드시 곱게 갈아 쓰세요.

감칠맛 → 말린 버섯
버섯은 따로 씻지 않고 키친타월로 이물질만 제거한 뒤 바로 건조해야 영양은 물론 시간도 절약됩니다. 물에 닿는 순간 버섯 향이 사라집니다.

> **실전**
> **찍어 먹는 한국식 후리가케 만들기**

주먹밥에 간을 맞추는 후리가케도 있습니다. 깨소금과 깨된장이 그 주인공입니다. 심심한 주먹밥에 찍어 먹거나 그 위에 뿌려 먹으면 간을 맞출 수 있지요. 깨소금은 속재료가 심플한 주먹밥에, 깨된장은 나물 종류의 주먹밥에 잘 어울립니다.

깨된장

볶은 깨 8큰술, 된장 2큰술

1. 절구에 볶은 깨를 넣고 된장을 조금씩 넣으면서 돌려가며 섞는다.

2. 달군 팬에 참기름을 바르듯이 둘러 ❶을 넣고 수분이 없어질 때까지 볶는다.

TIP 깨와 된장이 잘 섞이지 않을 때는 육수나 다시마 우린 물을 조금 넣어주세요. 깨된장을 만들 때 톳을 같이 넣어 볶아도 식감이 좋답니다.

깨소금

볶은 깨 9큰술, 소금 1큰술

1. 볶은 깨와 소금을 준비해 절구에 볶은 깨와 소금을 넣고 가볍게 돌려가며 빻는다.

2. 볶은 깨가 완전히 으깨지지 않고 약간 씹힐 정도로만 빻는다.

TIP 깨소금용 소금은 한 번 볶았다 넣으면 더 맛이 좋아요. 굵은 소금은 먼저 절구에 넣어 빻은 후에 깨를 넣고 같이 빻아야 입자를 비슷하게 맞출 수 있답니다.

주먹밥 INFORMATION
주먹밥 곁들임 메뉴

주먹밥은 생각보다 많은 양의 밥이 들어갑니다. 그렇기에 주먹밥을 먹다보면 쉽게 갈증이 오기 마련이지요. 이때 새콤달콤한 피클을 곁들이면 목 넘김이 한결 수월해져요. 주먹밥에 곁들이기 좋은 메뉴를 추천합니다.

방울토마토 마리네이드

양식 스타일의 주먹밥과 곁들이기 좋은 메뉴예요. 방울토마토는 살짝 데쳐 껍질을 벗겨 사용해야 깔끔한 맛을 낼 수 있어요.

방울토마토 15개
드레싱 식초 3큰술, 올리브유 2큰술, 다진 양파·설탕·레몬즙 1큰술씩, 소금 1/2작은술

1. 방울토마토는 열십자로 칼집을 낸다.
2. 끓는 물에 ①의 방울토마토를 넣고 껍질만 살짝 벗겨질 정도로 데친 후 찬물에 헹군다.
3. 데친 방울토마토 껍질을 벗겨 식힌다.
4. 볼에 드레싱 재료를 넣고 섞은 뒤, 껍질 벗긴 토마토와 섞는다.

생강피클

생강을 얇게 슬라이스하여 초절임을 하면 맛도 빨리 들지요. 색을 내고 싶다면 비트 한쪽 정도 넣어 숙성시키세요. 보랏빛의 예쁜 생강 초절임을 만들 수 있어요.

생강 400g
피클물 식초 1과1/2컵, 다시마 우린 물 1과1/3컵, 설탕 1컵, 소금 1/2큰술

1. 생강은 깨끗이 씻은 후 껍질을 벗긴다.
2. 껍질 벗긴 생강은 채칼을 이용해 얇게 슬라이스하여, 병 속에 넣는다.
3. 냄비에 생강 피클물을 넣어 끓여 한김 식힌 후 ②에 붓는다.
4. ③이 식으면 뚜껑을 닫고, 냉장고에 넣어 보관한다.

백김치 샐러드

백김치는 샐러드로 활용하기 좋은 김치예요. 오이, 파프리카, 사과, 배를 채 썰어 백김치와 섞으면 새콤한 샐러드가 된답니다. 백김치 맛이 너무 시큼하다면 매실청을 조금 넣으세요. 쌈으로 만든 주먹밥과 먹기 좋답니다.

백김치 1컵, 오이 1/5개, 파프리카 1/4개
양념 매실청 1/2큰술

1. 백김치는 먹기 좋은 크기로 자르고, 오이와 파프리카는 0.5cm 두께로 채 썬다.
2. ❶에 매실청을 넣어 버무려 완성한다.

매콤브로콜리 샐러드

크림, 치즈 등이 들어간 주먹밥과 잘 어울리는 샐러드입니다. 끓는 물에 데쳐낸 브로콜리를 찬물에 헹군 뒤 만드는 게 포인트지요. 브로콜리는 차가워야 아삭아삭 씹히는 맛도 좋답니다.

브로콜리 1개, 홍고추 1/2개
매콤 드레싱 핫소스 2큰술, 설탕 1큰술, 레몬즙·올리브유 1/2큰술씩, 소금 1/3작은술
브로콜리 데치는 물 물 3컵, 소금 1/2작은술

1. 브로콜리는 먹기 좋은 크기로 자르고, 홍고추는 곱게 다진다.
2. 냄비에 브로콜리 데치는 물을 붓고 끓어오르면 30초간 데친다. 데친 브로콜리는 찬물에 헹구어 채반에 밭친다.
3. 볼에 드레싱 재료를 넣고 섞은 뒤, 준비한 브로콜리, 홍고추와 버무린다.

제철재료를 말려 곱게 가루를 내놓으면 더없이 좋은 주먹밥 재료가 되지요. 언제고 주먹밥을 후리가케 위로 슬슬 굴리면 색도, 맛도 제각각의 주먹밥이 완성됩니다. 후리가케를 묻히는 부분에 포인트를 주어 색다른 주먹밥을 만들어보세요.

한입에 주먹밥 **PART 1**

HURIKAKE
TYPE

- 카레버섯후리가케 주먹밥
- 자투리채소후리가케 주먹밥
- 잔멸치채소후리가케 주먹밥
- 황태청양고추후리가케 주먹밥
- 새우검은깨고추씨후리가케 주먹밥
- 빨간닭가슴살후리가케 주먹밥

HURIKAKE TYPE
후리가케 뿌려낸 주먹밥

자투리채소후리가케 주먹밥

카레버섯후리가케 주먹밥

카레버섯후리가케 주먹밥

바짝 말린 버섯을 커터기에 곱게 갈아 카레가루와 섞었어요.
카레가루만 넣었을 뿐인데 색깔도 예쁘고, 감칠맛 나는 후리가케를 만들 수 있답니다. 아이들이 특히 좋아하지요.

밥 1공기(200g), 새송이버섯 3개, 표고버섯·양송이버섯 6개씩, 카레가루 9큰술
밥 밑간 참기름 1작은술, 소금 1/4작은술

1. 새송이버섯은 0.5cm 두께로 슬라이스하고, 표고버섯, 양송이버섯은 0.5cm 두께로 채 썬다.
2. 식품건조기를 70℃에 맞춰 채 썬 버섯을 넣고 4시간 말린다.
3. 말린 버섯은 커터기에 넣고 간다.
4. 갈아 놓은 버섯과 카레가루를 넣어 섞는다.
5. 밥은 밑간해 경단 모양을 잡는다.
6. 경단 모양의 주먹밥에 카레버섯 후리가케를 묻힌다.

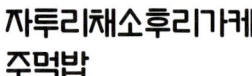

자투리채소후리가케 주먹밥

집에서 요리를 하다보면 자투리 채소와 겉껍질 등이 많이 나오지요. 틈틈이 건조시켜 컬러별로 모아두었다가 후리가케 만들어보세요. 시금치 밑동도, 양배추 겉껍질도, 억센 브로콜리 줄기도 모두 사용가능합니다.

초록색

밥 1공기(200g), 시금치 1/2단, 양배추 3장, 참깨 1/2컵
밥 밑간 참기름 1작은술, 소금 1/4작은술

1. 시금치는 밑동을 자르고 양배추는 0.5cm 두께로 채 썬다.
2. 식품건조기를 70℃에 맞추어 시금치와 채 썬 양배추를 넣고 4시간 말린다.
3. 말린 시금치와 양배추, 그리고 참깨를 커터기에 넣어 간다.
4. 밥은 밑간해 둥근 모양을 잡아 초록색 자투리채소 후리가케를 묻힌다.

주황색

밥 1공기(200g), 단호박 1/4통, 당근·주황 파프리카 1개씩, 참깨 1/2컵
밥 밑간 참기름 1작은술, 소금 1/4작은술

1. 당근과 단호박은 0.2cm 두께로 슬라이스하고, 주황 파프리카는 0.5cm 채 썬다.
2. ❶을 70℃로 맞춘 식품건조기에 넣고 당근과 단호박은 5시간, 주황 파프리카는 4시간 말린다.
3. 말린 당근과 단호박을 커터기에 넣고 간 후, 주황 파프리카, 참깨를 더해 간다.
4. 밥은 밑간해 둥근 모양을 잡아 주황색 자투리채소 후리가케를 묻힌다.

잔멸치채소후리가케 주먹밥

성장기 아이들을 위해 항상 준비하는 대표 밑반찬인 멸치볶음! 아이가 조금씩 질려한다면 잔멸치를 후리가케로 만들어보세요. 잔멸치의 고소한 맛과 감칠맛이 채소만 넣은 후리가케보다 더 맛있어요.

밥 1공기(200g), 잔멸치 1컵, 당근 1/3개, 양배추 2장
밥 밑간 참기름 1작은술, 소금 1/4작은술

1. 잔멸치는 마른 팬에 볶아서 식혀 준비한다.
2. 당근과 양배추는 채 썰어 70℃로 맞춘 식품건조기에 넣고 4시간 말린다. 중간중간 앞뒤로 뒤집어야 고루 잘 건조시킬 수 있다.
3. 건조시킨 당근을 먼저 커터기에 넣고 살짝 간 후 양배추, 잔멸치를 넣어 간다.
4. 밥은 밑간해 작은 사각 모양을 잡아 잔멸치채소 후리가케를 묻힌다.

COOKING TIP

잔멸치는 한 번 볶아 사용

잔멸치는 마른 팬에 수분 없이 볶아주세요. 멸치를 볶으면 비린 맛도 사라지고, 눅눅함도 줄일 수 있어요. 잔멸치가 없다면 내장과 머리를 뗀 일반 멸치를 사용해도 좋아요. 멸치 내장을 떼지 않으면 쓴맛이 나지요.

황태청양고추 후리가케 주먹밥

매운맛의 후리가케를 만들고 싶다면 청양고추 가루를 조금 넣어주세요. 약간만 넣어도 청양고추의 매운맛이 확 올라오지요. 황태채와 말린 청양고추를 넣고 후리가케를 만들면 색이 더 예뻐요.

밥 1공기(200g), 황태채 1컵, 청양고추 5개
밥 밑간 참기름 1작은술, 소금 1/4작은술

1. 청양고추는 4등분하여 70℃로 온도를 맞춘 식품건조기에서 4시간 말린다. 중간중간 청양고추를 앞뒤로 뒤집어가며 건조시켜야 골고루 잘 건조된다.
2. 커터기에 황태채와 ❶의 말린 청양고추를 넣어 간다. 너무 가루를 내기보다는 약간 식감이 느껴질 만큼 갈아준다.
3. 밥을 밑간해 긴 사각 모양으로 잡아 황태청양고추 후리가케를 묻힌다.

COOKING TIP

고추씨는 버리지 말고 요리에 활용

청양고추를 말릴 때 고추씨는 버리지 말고 잘 모았다가 육수를 내거나 김치 담글 때 사용하세요. 칼칼하면서도 시원한 맛을 내준답니다. 그 작은 고추씨에 각종 무기질에 항암효과까지 있어 영양적으로도 훌륭해요.

새우검은깨고추씨 후리가케 주먹밥

감칠맛나는 건새우와 고소한 검은깨, 매콤한 고추씨가루를 넣어서 만든 후리가케입니다. 후리가케에 고추씨가루를 넣으면 고춧가루와는 또 다른 매콤한 맛을 느낄 수 있지요. 비타민C도 풍부해 몸에 좋아요.

밥 1공기(200g), 건새우 1컵, 검은깨 1/2컵, 고추씨가루 1큰술
밥 밑간 참기름 1작은술, 소금 1/4작은술

1. 건새우는 체에 쳐서 불순물을 제거하고 마른 팬에 볶아 식힌다.
2. 커터기에 건새우를 먼저 넣고 살짝 간 다음 검은깨, 고추씨가루를 함께 넣고 곱게 간다.
3. 밥은 밑간해 중간 크기의 사각 모양을 잡아 새우검은깨고추씨가루 후리가케를 묻힌다.

COOKING TIP

건새우는 한 번 볶아야 더 고소해

건새우는 약하게 달군 팬에 바삭하게 볶아주세요. 한 번 건조된 새우지만 공기 중의 수분을 머금고 있어 쉽게 눅눅해지기 때문이지요. 볶아서 가루를 내면 더욱 고소한 맛이 강해져요.

빨간닭가슴살후리가케 주먹밥

닭가슴살을 삶아 팬에 볶아서 후리가케로 만들면 감칠맛이 끝내주지요. 팬에 볶을 때 소금, 후춧가루로 간하면 맛있는 닭가슴살후리가케가 되어요. 여기에 달콤한 맛과 예쁜 색깔을 지닌 빨강 파프리카를 넣으면 특별한 홈메이드 후리가케가 된답니다.

밥 1공기(200g), 닭가슴살 2쪽(200g), 빨강 파프리카 2개
닭가슴살 밑간 소금 2작은술, 후춧가루 약간
밥 밑간 참기름 1작은술, 소금 1/4작은술

1. 냄비에 물을 붓고 기포가 보글보글 올라오면 닭가슴살을 넣어 삶아 결대로 찢는다.
2. 파프리카는 0.5cm 두께로 채 썰어 70℃로 맞춘 식품건조기에서 4시간 말린다.
3. 잘게 찢은 닭가슴살을 밑간한 후 약한 불로 마른 팬에서 1시간 정도 볶아 식힌다.
4. 볶은 닭가슴살과 말린 파프리카를 커터기에 넣고 간다.
5. 밥은 밑간해 작은 삼각 모양을 잡아 빨간닭가슴살후리가케를 묻힌다.

재료를 밥 속에 숨기는 주먹밥은 얇은 피 속에 각기 다른 맛을 감추고 있는 만두를 닮았지요. 속재료를 고추장, 고춧가루로 버무렸거나 유난히 수분이 많은 속재료라면 밥 속에 넣는 게 좋아요. 속재료를 조금 남겼다가 세팅할 때 주먹밥 위에 포인트처럼 올리면 먹기도 편하고, 보기도 좋지요.

한입에 주먹밥 **PART 2**

FILL
TYPE

- 콩콩볼로네제 주먹밥
- 참치고추장볶음 주먹밥
- 뿌리채소된장 주먹밥
- 훈제오리볶음김치 주먹밥
- 매콤오징어채 주먹밥
- 가츠오부시오꼬노미 주먹밥
- 까로짜 주먹밥
- 게살날치알마요네즈 주먹밥
- 매콤제육치즈 주먹밥
- 마늘쫑달걀스크램블 구운 주먹밥
- 명란청양고추 주먹밥

콩콩볼로네제 주먹밥

맛있는 콩으로 만든 특별한 주먹밥입니다. 슈퍼푸드로 각광받는 병아리콩과 봄내음 가득한 완두콩을 토마토 소스에 볶아냈지요. 밥 속에 쏙 넣으면 색다르면서도 근사한 주먹밥이 완성됩니다.

밥 1공기(200g), 병아리콩·완두콩 1/4컵씩, 토마토 홀 1컵, 다진 쇠고기·다진 돼지고기 4큰술씩, 다진 당근·다진 양파·파마산치즈 1큰술씩, 올리브유 1/2큰술, 다진 마늘 1작은술, 소금 2/3작은술, 설탕 1/2작은술, 후춧가루 약간, 구운 김 2장
밥 밑간 참기름 1작은술, 소금 1/4작은술

1. 병아리콩은 6시간정도 불려 20분간 삶고, 완두콩은 10분 삶는다.
2. 밥은 참기름과 소금을 넣어 밑간한다.
3. 달군 팬에 올리브유를 넣고 다진 당근과 양파를 넣고 볶다가, 다진 쇠고기와 돼지고기, 소금, 후춧가루를 함께 넣어 채소의 수분이 없어질 때까지 볶는다.
4. ❸에 손으로 으깬 토마토 홀과 삶은 콩들, 다진 마늘, 설탕을 넣고 볶다가 마지막에 파마산치즈를 넣어 속재료인 콩콩볼로네제를 완성한다.
5. 볼에 랩을 깔고 밑간한 밥-콩콩볼로네제-밑간한 밥 순서로 올린다.
6. ❺의 주먹밥을 둥근 모양으로 잡는다.
7. 위생백에 구운 김을 넣고 부순 뒤 주먹밥 넣고 김가루를 묻힌다.

FILL TYPE
재료를 볶아 넣은 주먹밥

훈제오리볶음김치 주먹밥

뿌리채소된장 주먹밥

까로짜 주먹밥

콩콩볼로네제 주먹밥

참치고추장볶음 주먹밥

참치고추장볶음 주먹밥

바쁜 아침 참치통조림 하나만 있으면 손쉽게 주먹밥을 완성할 수 있어요. 팬에 참치통조림 1개를 털어 넣고 고추장 1큰술만 넣어 달달 볶다가 주먹밥 속에 넣으면 되지요.

밥 1공기(200g), 참치통조림 1캔(150g), 다진 양파 2큰술, 올리브유 1작은술, 다진 마늘 1/2작은술, 김밥용 김 1장
고추장 양념 고추장·올리고당 1큰술, 고춧가루·참기름 1작은술씩
밥 밑간 참기름 1작은술, 소금 1/4작은술

1. 밥은 밑간하고, 참치통조림은 체에 밭쳐 기름기를 뺀다.
2. 달군 팬에 올리브유를 넣고 다진 양파와 다진 마늘을 넣어 볶다가 기름 뺀 참치를 넣어 볶는다.
3. ❷에 고추장 양념 재료를 넣고 볶아 참치고추장볶음을 만든다.
4. 볼에 랩을 깔고 밑간한 밥-참치고추장볶음-밑간한 밥 순서로 올려 삼각 모양으로 잡는다.
5. 김을 세로 방향으로 3등분 한 후 삼각형 모양의 주먹밥 밑 부분을 감싼다.

COOKING TIP

참치 기름을 빼줘야 담백

참치의 기름은 최대한 짜줘야 비릿한 맛을 없앨 수 있어요. 참치의 비린 맛이 싫다면 양념을 하기 전에 청주나 맛술, 후춧가루를 넣어 밑간했다가 요리하세요. 비린 맛은 사라지고, 밑간의 깊은 맛은 남지요.

뿌리채소된장 주먹밥

몸에 좋은 뿌리채소로 만든 주먹밥이에요. 우엉과 연근을 볶아 간장이 아닌 된장으로 양념했지요. 된장 대신 고추장을 넣어도 맛난답니다. 잘게 다져 속재료로 넣으면 뿌리채소 싫어하는 아이들도 잘 먹어요.

밥 1공기(200g), 우엉 10cm, 연근 5cm(중간 크기), 당근 1/5개, 검은깨 5큰술, 참기름 1큰술
된장 양념 다시마 우린 물 2큰술, 된장 1과1/2큰술, 올리고당 2/3큰술
밥 밑간 참기름 1작은술, 소금 1/4작은술

1. 밥은 밑간하고, 우엉과 연근, 당근은 곱게 다져 준비한다.
2. 달군 팬에 참기름 1큰술을 두른 후 다진 우엉과 연근, 당근이 투명해질 때까지 볶는다.
3. ❷에 된장 양념 재료를 넣고 걸쭉해질 때까지 끓여 뿌리채소된장을 만든다.
4. 볼에 랩을 깔아 밑간한 밥-뿌리채소된장- 밑간한 밥 순서로 올린다.
5. ❹를 둥글납작한 모양으로 잡는다.
6. 주먹밥의 테두리 부분에 검은깨를 묻힌다.

COOKING TIP

뿌리채소는 식초물에 담갔다 사용

연근과 우엉을 손질한 뒤에는 식초물에 담갔다가 사용하세요. 우엉과 연근은 색이 쉽게 변하는데 식초물이 변색을 막아주지요. 고구마나 감자 등 다른 뿌리채소를 넣어 만들어도 맛있어요.

훈제오리볶음 김치 주먹밥

냉장고에 먹다 남은 훈제오리가 있다면 주저 말고 송송 썬 김치와 볶아주세요. 훈제오리와 김치는 여러모로 좋은 궁합이지요. 오리 기름에 김치를 볶으면 고소하면서도 맛있는 속재료가 만들어져요.

밥 1공기(200g), 훈제오리 · 김치 1컵씩, 다진 마늘 1작은술, 올리브유 1/2작은술, 김밥용 김 1장
김치 양념 설탕 · 참기름 1/2작은술씩
밥 밑간 참기름 1작은술, 소금 1/4작은술

1. 밥은 밑간하고, 훈제오리와 김치는 잘게 다진다. 다진 김치에 양념을 해둔다.
2. 달군 팬에 올리브유를 두른 후 다진 마늘을 넣어 볶다가 ❶의 다진 훈제오리와 양념한 다진 김치를 넣어 볶는다.
3. 볼에 랩을 깔아 밑간한 밥-훈제오리볶음김치-밑간한 밥을 순서대로 올린다.
4. 주먹밥을 삼각 모양으로 잡는다.
5. 김은 세로로 6등분해 주먹밥 테두리 부분을 감싼다.

COOKING TIP

김치는 먼저 양념했다가 볶아야

훈제오리에 김치를 볶을 때는 먼저 김치에 양념부터 해주세요. 김치를 볶을 때 약간의 설탕을 넣으면 그 맛이 훨씬 부드러워집니다. 설탕 대신 매실청, 과일청, 올리고당을 사용해도 좋아요.

매콤오징어채 주먹밥

매콤한 오징어채는 누구나 좋아하는 밑반찬 중에 하나이지요. 한 번 구입하면 두고두고 먹게 되는 오징어채를 잘게 다져 주먹밥 안에 넣어주세요. 아이들 간식, 남편 도시락 메뉴로 그만입니다.

밥 1공기(200g), 오징어채 1과1/4컵, 통깨·올리브유 약간씩, 김밥용 김 1장
매콤오징어채 양념 고추장·올리고당 1큰술씩, 고춧가루·간장·참기름 1작은술씩, 다진 마늘 2/3작은술
밥 밑간 참기름 1작은술, 소금 1/4작은술

1. 밥은 밑간하고, 오징어채는 뜨거운 물에 5분정도 담가 체에 밭친 후 곱게 다진다.
2. 매콤오징어채 양념을 섞은 후 약하게 달군 팬에 올리브유를 두르고 양념장을 넣고 졸인다.
3. ❷의 팬 주위에 방울방울 기포가 올라오면 약한 불에서 졸인다. 불을 끈 후 다진 오징어채와 통깨를 넣고 버무려 매콤오징어채를 완성한다.
4. 삼각 틀에 랩을 깔고 밑간한 밥-매콤오징어채-밑간한 밥 순서로 평평하게 깔아 주먹밥 삼각 면에 속재료가 보이게 한다.
5. 김은 열십자 모양으로 4등분한 뒤 다시 세로 방향으로 4등분해 삼각 주먹밥 아래 부분의 중앙을 감싼다.

COOKING TIP

양념은 팬에 넣고 끓여 사용

양념을 팬에 넣고 끓이면 간장의 날 냄새도 날아가고, 양념 맛이 더 깊어집니다. 올리고당이 들어가므로, 약한 불에서 타지 않게 졸이는 게 포인트예요. 살짝 졸여지면 그때 진미채를 넣어야 부드러워요.

가츠오부시오꼬노미 주먹밥

새로운 주먹밥에 도전하고 싶은 분께 추천합니다. 오꼬노미의 재료를 주먹밥 속재료로 넣어 살짝 구워낸 뒤 마요네즈 소스를 뿌리고 가츠오부시를 올려보세요. 화려한 비주얼 만큼 맛도 끝내주지요. 뜨거울 때 가츠오부시를 올리면 하늘하늘 춤추듯 보여요.

밥 1공기(200g), 양배추 2장, 베이컨 2줄, 양파 1/4개, 모짜렐라치즈·가츠오부시 1/2컵씩, 마요네즈 2큰술, 올리브유 1/2큰술
볶음 양념 올리고당·간장 1/2큰술씩, 맛술·참기름 1작은술씩, 다진 파·다진 마늘 1/2작은술씩
데리야끼 소스 양파 1/4개, 대파 10cm, 마늘 3쪽, 다시마 5cm×5cm 1장,
간장·설탕 1과1/2큰술씩, 맛술 1큰술, 물 1컵
밥 밑간 참기름 1작은술, 소금 1/4작은술

1. 밥은 밑간하고, 양배추, 베이컨, 양파는 굵게 다진다.
2. 달군 팬에 올리브유를 두른 후 다진 재료와 볶음 양념을 넣고 볶는다.
3. 데리야끼 소스용 양파는 채 썰고, 대파는 2cm 길이로, 마늘은 칼등으로 으깬다.
4. 냄비에 ❸과 남은 재료를 넣어 데리야끼 소스를 만든다. 끓어오르면 다시마는 건지고, 약불에서 절반이 되도록 조린다.
5. 볼에 랩을 깔고 밑간한 밥-❷의 양파양배추베이컨볶음-모짜렐라치즈-밑간한 밥 순서로 올린다.
6. 주먹밥을 납작 동그랗게 만들어 데리야끼 소스를 바른 뒤 팬에서 앞뒤로 굽는다.
7. 구운 주먹밥 위에 마요네즈와 가츠오부시를 올려 완성한다.

까로짜 주먹밥

아이 친구가 놀러온 날 내놓기 좋은 주먹밥이에요. 주먹밥 속에 블록 모짜렐라치즈를 넣어 반 잘랐을 때 치즈가 쭈욱~ 늘어나 침샘을 자극하지요. 올리브의 고소한 맛이 까로짜 주먹밥의 맛을 한층 더 높여줍니다.

밥 1공기(200g), 블록 모짜렐라치즈 5cm, 블랙 올리브 5개, 달걀 1개, 빵가루 1컵, 밀가루 1/3컵, 카놀라유 3컵(튀김용)
밥 밑간 참기름 1작은술, 소금 1/4작은술

1. 블록 모짜렐라치즈는 사방 5cm 크기로 자르고, 블랙 올리브는 곱게 다진다.
2. 밥에 밑간 재료와 다진 블랙 올리브를 넣고 섞어 사방 5cm 사각 모양으로 만든다.
3. 사방 5cm에 맞춰 밑간한 밥-블록 모짜렐라치즈-밑간한 밥 순서로 올려 네모 모양으로 잡는다.
4. 달걀은 풀어 달걀물을 만든다. 모양 잡은 주먹밥을 밀가루-달걀물-빵가루 순으로 묻힌다.
5. 팬에 카놀라유를 붓고 170℃로 달구어 튀김옷 입힌 주먹밥을 노릇하게 튀긴다.

COOKING TIP

스프링·모짜렐라치즈로 대체 가능

냉장고에 블록 모짜렐라치즈가 없다면 스프링치즈 또는 일반 모짜렐라치즈를 넣어도 좋아요. 만약 올리브가 남으면 샐러드나 나물 무칠 때 넣어보세요. 짭조름하면서도 부드러운 올리브가 나물과 의외로 잘 어울려요.

게살날치알마요네즈 주먹밥

톡톡 터지는 식감의 날치알과 게맛살, 마요네즈의 조합은 맛있는 주먹밥의 베이스가 되어줍니다. 아이들이 좋아하는 재료가 모두 들어가 간식은 물론 나들이 때 챙겨가기도 좋지요. 날치알이 없다면 게맛살만 넣어도 맛있어요.

밥 1공기(200g), 게맛살 5개, 날치알 1/3컵, 마요네즈 3큰술, 김밥용 김 1장
날치알 담금 양념 맛술 1/2큰술, 식초 1/2작은술
밥 밑간 참기름 1작은술, 소금 1/4작은술

1. 밥은 밑간하고, 날치알은 날치알 담금 양념에 5분간 담갔다가 체에 밭친다.
2. 게맛살은 결대로 찢어 준비한다.
3. 볼에 날치알, 게맛살, 마요네즈를 넣고 버무려 속재료를 준비한다.
4. 볼에 랩을 깔고 밑간한 밥-❸의 속재료-밑간한 밥 순서로 올린 후 경단 모양으로 만든다.
5. 김은 열십자 모양으로 4등분한 뒤 다시 8등분하여 주먹밥 가운데에 띠를 두른다.

COOKING TIP

소스에 섞는 날치알은 체에 밭쳤다 사용

날치알을 소스와 섞을 때는 날치알을 담금 양념에 담가 비린 맛을 제거한 뒤 체에 밭쳐 최대한 물기를 뺀 뒤에 사용해야 합니다. 수분 있는 상태에서는 소스에 잘 버무려지지 않아요.

FILL TYPE
재료를 무쳐 넣은 주먹밥

명란청양고추 주먹밥

게살날치알마요네즈 주먹밥

매콤오징어채 주먹밥

매콤제육치즈 주먹밥

매콤한 제육볶음에 치즈를 넣으면 2배 더 맛있는 주먹밥이 되어요. 치즈가 매콤한 맛을 중화시켜 부드러운 맛도 함께 느낄 수 있지요.

밥 1공기(200g), 돼지 뒷다리살 150g, 치즈 2장, 초록색 믹스 후리가케 4큰술, 올리브유 1작은술
제육 양념 고추장 · 다진 파 1큰술씩, 올리고당 2/3큰술, 고춧가루 · 다진 마늘 · 맛술 1/2큰술씩, 설탕 · 간장 1작은술씩, 참기름 1/2작은술
밥 밑간 참기름 1작은술, 소금 1/4작은술

1. 밥은 밑간하고, 돼지 뒷다리살은 다진 후 제육 양념에 재운다.
2. 달군 팬에 올리브유를 둘러 재운 제육볶음을 볶고, 치즈는 4등분하여 준비한다.
3. 볼에 랩을 깔고 밑간한 밥-제육볶음-치즈-밑간한 밥 순서로 올려 삼각 모양을 만든다.
4. 기름 없이 달군 팬에 주먹밥을 올려 앞뒤로 굽는다.
5. 겉면을 구운 주먹밥 테두리에 초록색 믹스 후리가케를 묻힌다.

COOKING TIP

양념 고기는 10분이상 재웠다 사용해야

양념이 들어가는 고기요리는 반드시 10분이상 재웠다가 사용해야 양념 맛이 고기에 배입니다. 고기를 부드럽게 하고 싶다면 양파, 사과, 배 등 집에 있는 과일이나 채소를 조금만 넣어주세요.

마늘종달걀스크램블 구운 주먹밥

주먹밥을 만든 뒤 팬에 살짝 구우면 맛이 색달라요. 주먹밥 겉면에 데리야끼 소스를 묻혀 구워내면, 겉에는 바삭하면서도 속은 부드러운 주먹밥을 만들 수 있어요.

밥 1공기(200g), 달걀 3개, 마늘종 3줄기, 올리브유 1/2큰술
데리야끼 소스 양파 1/4개, 마늘 3쪽, 대파 10cm, 다시마 5cm×5cm 1장, 간장·설탕 1과1/2큰술씩, 맛술 1큰술, 물 1컵
달걀 밑간 맛술 1작은술, 다진 마늘 1/2작은술, 소금 1/4작은술
밥 밑간 참기름 1작은술, 소금 1/4작은술

1. 밥은 밑간하고, 마늘종은 송송 썰어 준비한다.
2. 양파는 채 썰고, 마늘은 칼등으로 으깨고, 대파는 2cm 길이로 자른다.
3. 냄비에 ❷와 남은 재료를 넣어 데리야끼 소스를 만든다. 끓어오르면 다시마는 건지고 약불에서 절반이 되도록 졸인다.
4. 달걀은 풀어 밑간해 거품이 나지 않게 저은 후 송송 썬 마늘종을 넣고 섞는다. 달군 팬에 모두 넣고 스크램블한다.
5. 볼에 랩을 깔고 밑간한 밥-마늘종달걀스크램블-밑간한 밥 순서로 올려 삼각 모양을 만든다.
6. 주먹밥의 앞뒷면에 데리야끼 소스를 발라 달군 팬에 굽는다.

COOKING TIP

달걀 비린 맛은 밑간으로 잡아야

달걀에 소금 간을 하고 맛술을 더하면 비린 맛이 사라집니다. 여기에 마늘종을 송송 썰어 넣으면 초록 빛깔이 더해져 식욕을 더해주죠. 마늘종은 너무 잘게 썰면 식감이 떨어지니 주의하세요.

명란청양고추 주먹밥

파스타, 달걀찜, 쌈밥… 명란젓은 어디에 넣어도, 어떤 요리에도 잘 어울리지요.
그 명란젓으로 주먹밥을 만들어보았어요. 명란젓에 매콤한 청양고추와
고춧가루를 넣어 양념하면 매콤한 속재료가 되지요. 명란젓 무침을 넣고
주먹밥을 뭉쳐 그 위에 실파를 솔솔 뿌려주세요.

밥 1공기(200g), 명란젓 2개(100g), 청양고추 1개, 실파 2줄기
명란젓 양념 고춧가루 · 다진 파 · 참기름 1작은술씩, 다진 마늘 1/3작은술
밥 밑간 참기름 1작은술, 소금 1/4작은술

1. 밥은 밑간하고, 명란젓은 가운데 칼집을 내어 껍질을 벗긴다.
2. 청양고추는 곱게 다지고, 실파는 송송 썰어 준비한다.
3. 볼에 명란젓, 다진 청양고추, 명란젓 양념을 더해 버무린다.
4. 볼에 랩을 깔고 밑간한 밥-명랑젓무침-밑간한 밥 순서로 올린다.
5. ❹의 밥을 경단 모양으로 만든다.
6. 주먹밥 위에 송송 썬 실파를 뿌린다.

처음부터 속재료를 밥에 섞어 만드는 주먹밥이에요. 자투리 채소나
고기 등의 재료가 남았을 때 곱게 다져 양념해 밥과 함께 섞어주면 맛난
주먹밥이 완성되지요. 재료에 따라 모양을 달리하고, 김이나 채소로
둘레를 감싸 포인트를 주세요. 주먹밥 위에 치즈가루나 후리가케를 솔솔
뿌려내도 좋아요.

한 입 에 주 먹 밥 **PART 3**

MIX
TYPE

- 까르보나라 주먹밥
- 디아볼라 주먹밥
- 쇠고기오이볶음 주먹밥
- 낙지볶음 주먹밥
- 된장닭구이 주먹밥
- 참나물 구운 주먹밥
- 밥새우꽈리고추 주먹밥
- 카레감자옥수수 주먹밥
- 알리올리오 주먹밥
- 아란치니 주먹밥

쇠고기오이볶음 주먹밥

밥새우꽈리고추
주먹밥

까르보나라 주먹밥

온가족이 좋아하는 까르보나라 주먹밥이에요. 생크림으로 볶은 고소한 속재료에 자꾸 손이 가지요. 체에 내린 고운 달걀노른자 가루에 주먹밥을 굴려주면 고소함이 배가되지요.

밥 1공기(200g), 삶은 달걀노른자 5개, 후춧가루 약간
까르보나라 소스 베이컨 4줄, 표고버섯·양송이버섯 2개씩, 다진 양파 1큰술, 올리브유 1/2큰술, 소금 1/3작은술, 생크림 1컵

1. 베이컨, 표고버섯, 양송이버섯은 굵게 다진다.
2. 달군 팬에 올리브유를 두르고 다진 양파를 볶다가 다진 베이컨과 표고버섯, 양송이버섯을 넣고 볶는다.
3. ❷에 생크림, 소금을 넣고 농도가 날 때까지 볶아 까르보나라 소스를 만든다.
4. 밥에 까르보나라 소스를 넣어 주걱으로 가르듯이 섞는다.
5. 사각 틀에 랩을 깔고 밥을 넣어 모양으로 만든다. 삶은 달걀노른자는 체에 곱게 내린다.
6. 사각 모양의 까르보나라 주먹밥에 체에 내린 달걀노른자를 묻힌 후 위에 후춧가루를 뿌려 완성한다.

COOKING TIP

생크림은 중간 불에서 끓여야

주먹밥에 넣는 생크림 소스는 걸쭉해질 때까지 조려야 해요. 생크림은 센 불에서 끓이면 지방이 분리되기 쉬우므로, 반드시 중간 불에서 끓이세요. 생크림이 없다면 우유와 치즈를 넣어요.

디아볼라 주먹밥

디아볼라는 '악마를 물리칠 수 있을 만큼 맵다'는 뜻이지요. 요리명처럼 강력한 매운맛의 주먹밥입니다. 매운맛을 베이스로 파인애플의 달콤함과 치즈의 고소함이 한데 어우러져요.

밥 1공기(200g), 소시지 · 파인애플통조림 · 청양고추 1개씩,
토마토 홀 1/2컵, 파마산치즈 3큰술, 올리브유 1작은술,
소금 · 설탕 1/2작은술씩

1. 소시지, 파인애플, 토마토 홀은 굵게 다지고, 청양고추는 곱게 다진다. 토마토 홀 다질 때 나온 과즙은 버리지 말고 함께 넣는다.
2. 달군 팬에 올리브유를 두른 후 굵게 다진 소시지와 파인애플을 볶다가 토마토 홀과 소금, 설탕을 함께 넣어 수분이 없어질 때까지 볶는다. 마지막에 다진 청양고추를 넣고 한 번 더 볶는다.
3. 볼에 ❷와 밥을 넣고 주걱으로 가르듯이 섞어 디아볼라볶음밥을 완성한다.
4. 볼에 랩을 깐 후 ❸의 디아볼라볶음밥을 넣고 동그랗게 모양을 만든다.
5. 동그란 모양의 디아볼라 주먹밥 위에 파마산치즈를 뿌린다.

COOKING TIP

토마토 홀 대신 토마토케첩도 좋아

토마토 홀이 없다면 토마토 파스타 소스 또는 토마토케첩을 넣어도 큰 차이가 없어요. 토마토 홀을 사용할 때는 꼭 설탕을 함께 넣어야 토마토의 새콤한 맛을 잡아주어 풍미가 좋아집니다.

쇠고기오이볶음 주먹밥

소금에 절인 오이를 팬에 볶으면 오이의 씹히는 식감이 높아져요. 여기에 양념한 쇠고기를 더하면 짭조름하니 오이볶음 주먹밥과 잘 어울린답니다. 흰밥에 볶은 오이와 쇠고기를 섞어 주먹밥으로 즐기세요.

밥 1공기(200g), 다진 쇠고기 100g, 오이 1/2개, 올리브유 1작은술, 소금 1/2작은술, 김밥용 김 1장
쇠고기 밑간 간 양파·다진 파 1큰술씩, 간장·설탕 2/3큰술, 다진 마늘·맛술·참기름 1작은술씩, 통깨 1/2작은술, 후춧가루 약간
밥 밑간 참기름 1작은술, 소금 1/4작은술

1. 밥은 밑간하고, 다진 쇠고기는 쇠고기 밑간에 재운다.
2. 오이는 0.2cm 두께로 링 모양으로 썰고, 소금 1/2작은술에 10분간 절였다가 물에 살짝 헹구어 물기를 꽉 짠다.
3. 달군 팬에 올리브유를 두르고 오이를 먼저 볶은 후 밑간한 쇠고기를 볶는다.
4. 밑간한 밥에 볶은 오이와 볶은 쇠고기를 넣고 섞어 주걱으로 가르듯 섞는다.
5. 삼각 틀에 랩을 깔고 ❹를 넣어 삼각 모양으로 만든다.
6. 김은 열십자 모양으로 4등분한 뒤 다시 세로 방향으로 3등분해 주먹밥 가운데를 감싼다.

낙지볶음 주먹밥

기력이 없는 날, 낙지를 볶아 밥과 섞어 주먹밥을 만들어보세요. 낙지를 살짝 데쳐 다진 뒤 칼칼한 고추장 양념에 볶으면 나른함이 싹 사라지죠. 봄철에는 낙지 대신 주꾸미를 넣어도 좋지요.

밥 1공기(200g), 낙지(작은 크기) 1마리, 다진 양파 1큰술, 올리브유 1작은술, 김밥용 김 1장
낙지 손질용 밀가루 1큰술, 굵은 소금 1작은술
낙지 데치는 물 물 3컵, 소금 1/2작은술
낙지볶음 양념 고추장 1큰술, 올리고당 2/3큰술, 고춧가루 1/2큰술, 설탕·간장·맛술 1작은술씩, 후춧가루 약간

1. 낙지는 굵은 소금으로 바락바락 문지르고 밀가루로 빨판을 수차례 주무른 뒤, 물에 깨끗이 헹군다.
2. 냄비에 낙지 데치는 물을 붓고 끓어오르면 낙지를 살짝 데쳐 다진다.
3. 볼에 낙지볶음 양념을 섞어 다진 낙지를 넣고 양념한다.
4. 팬에 올리브유를 둘러 다진 양파를 볶다가 양념한 낙지를 볶는다.
5. 밥에 볶은 낙지를 넣고 주걱으로 가르듯이 섞어 랩을 깐 삼각 틀에 넣어 모양을 만든다.
6. 김은 열십자 모양으로 4등분한 뒤 다시 2등분하여 낙지볶음 주먹밥 가운데에 감싼다.

COOKING TIP

굵은 소금과 밀가루로 이물질 제거

낙지, 오징어, 주꾸미의 이물질은 소금과 밀가루로 제거하세요. 이때 소금은 꼭 굵은 소금을 사용해야 해요. 소금 입자가 고우면 소금 입자가 낙지 속에 들어가 음식이 짜지기 쉽답니다.

된장닭구이 주먹밥

고추장과 고춧가루로 간한 닭고기를 벗어나 된장으로 맛을 낸 주먹밥이에요. 된장 양념에 재웠다가 볶은 닭안심과 굵게 다진 아몬드를 밥과 섞으면 된장닭구이 주먹밥이 완성됩니다.

밥 1공기(200g), 닭안심 4쪽(100g), 아몬드 1/3컵, 올리브유 1작은술, 김밥용 김 1장
된장 양념 된장 1큰술, 올리고당 2/3큰술, 다진 파·맛술 1작은술씩, 다진 마늘 1/2작은술, 후춧가루 약간

1. 볼에 된장과 올리고당, 다진 파와 마늘, 맛술, 후춧가루를 넣고 섞어 양념을 만든다. 닭가슴살을 양념에 10분이상 재운다.
2. 달군 팬에 올리브유를 두르고 된장 양념에 재운 닭안심을 구워 굵게 다진다. 닭안심이 타지 않도록 뒤집어가며 굽는다.
3. 아몬드를 굵게 다진다. 밥에 다진 아몬드, 다진 된장닭구이를 넣어 주걱으로 가르듯이 섞는다.
4. 볼에 랩을 깔고 ❸을 넣고 둥글납작한 모양으로 만든다.
5. 김을 세로로 4등분하여 주먹밥 밑 부분을 감싼다.

COOKING TIP

시간이 없다면 닭안심에 칼집내어 양념

닭안심은 양념에 밑간했다가 구워야 맛있지요. 시간이 부족하다면 닭안심에 칼집을 내거나 작게 잘라 양념에 재우세요. 짧은 시간에 양념이 보다 빨리 배여요.

참나물 구운 주먹밥

향이 좋은 참나물을 흑임자 양념에 무쳐 주먹밥을 만들었어요. 애호박을 더하면 색도 곱고, 맛도 더 좋아지지요. 취나물, 시금치 등 다양한 나물로 주먹밥을 즐길 수 있어요.

밥 1공기(200g), 참나물 한줌, 애호박 1/3개, 소금·올리브유 1/2작은술씩
흑임자 양념 흑임자 가루 1과1/2큰술, 참기름 1/2큰술, 다진 마늘·국간장 1/2작은술씩, 소금 1/4작은술
애호박볶음 양념 들기름 1/2작은술, 소금 1/6작은술
참나물무침 양념 들기름 1/2작은술, 소금 1/6작은술

1. 참나물은 끓는 물에 소금 1/2작은술을 넣고 데친 후 찬물에 헹구어 물기를 짠다. 데친 참나물은 송송 썰어 참나물 양념에 무친다.
2. 애호박은 0.3cm 두께로 채 썰어 달군 팬에 올리브유를 둘러 애호박 양념을 더해 볶는다.
3. 볼에 참나물무침과 애호박볶음, 밥, 흑임자 양념을 한데 넣고 주걱으로 가르듯이 섞는다.
4. 삼각 틀에 랩을 깔고 양념한 밥을 넣고 삼각 모양으로 만든다.
5. 달군 팬에 참나물 주먹밥을 올려 앞뒤로 굽는다.

COOKING TIP

참나물은 끓는 물에 짧게 데쳐야

참나물은 물이 끓기 시작하면 소금, 참나물 순으로 넣고 곧장 불을 끄세요. 이후 꺼내 찬물에 헹궈야 물컹해지지 않습니다. 참나물은 잎과 줄기가 얇아 불을 끄고 난 뒤의 잔열로도 충분히 익는답니다.

밥새우꽈리고추 주먹밥

바삭하게 볶은 밥새우에 간장 양념과 꽈리고추를 함께 볶아주세요. 밥반찬으로 먹어도 좋은 메뉴입니다. 밥새우와 꽈리고추 볶음을 흰밥에 섞어 주먹밥을 만들면 고소하면서도 매콤하답니다.

밥 1공기(200g), 밥새우 1컵, 꽈리고추 2개, 깻잎 2장
양념 올리브유 1큰술, 설탕 2/3큰술, 간장 1과1/2작은술, 맛술·참기름 1작은술씩
밥 밑간 참기름 1작은술, 소금 1/4작은술

1. 밥은 밑간하고, 밥새우는 마른 팬에서 바삭한 느낌이 날 때까지 볶다가 체에 쳐 불순물을 제거한다. 꽈리고추는 굵게 다진다.
2. 달군 팬에 양념을 넣어 기포가 방울방울 올라오면 체에 거른 밥새우를 넣고 볶다가 다진 꽈리고추를 넣어 한 번 더 볶는다.
3. 볼에 밑간한 밥과 ❷의 밥새우꽈리고추볶음을 넣어 주걱으로 가르듯이 섞는다.
4. 볼에 랩을 깐 후 주먹밥을 넣어 원기둥 모양을 만든다.
5. 깻잎을 2cm 넓이로 자른 후 밥새우꽈리고추 주먹밥 중앙에 띠를 두른다.

COOKING TIP

밥새우는 빠른 시간 안에 볶아야

마른 팬에 밥새우를 넣고 바삭하게 볶아야 비린 맛이 나지 않아요. 크기가 작아 빠른 시간 내에 볶아야 타지 않지요. 밥새우를 볶아 커터기에 갈아 새우가루를 만들면 천연조미료로 사용하기 좋답니다.

카레감자옥수수 주먹밥

감자와 옥수수, 카레만으로도 근사한 주먹밥을 만들 수 있어요. 머핀 틀에
만두피를 놓고 카레감자옥수수주먹밥과 모짜렐라치즈를 올려 오븐에
구워보세요. 주먹밥을 오븐에 한 번 구워내기만 했는데도 맛과 모양이 색달라요.

밥 1공기(200g), 감자 1/2개, 양파 1/4개, 옥수수 1/4캔(90g), 올리브유 1/2큰술,
초록색 후리가케 1작은술, 만두피 10장, 모짜렐라치즈 2/3컵, 우유 1/2컵, 카레가루·물 1/4컵씩

1. 감자와 양파는 굵게 다져서 준비하고, 옥수수는 체에 밭쳐 물기를 뺀다.
2. 달군 팬에 올리브유를 두르고 다진 감자와 양파를 볶다가 옥수수를 넣어 볶는다.
3. ❷에 카레가루와 물을 넣고 끓어오르면 우유를 넣어 수분이 날아갈 때까지 끓인다.
4. 밥에 ❸의 카레감자옥수수를 넣고 주걱으로 가르듯 섞는다.
5. 볼에 랩을 깔고 카레감자옥수수밥을 넣은 후 경단 모양으로 만든다.
6. 머핀 틀에 만두피를 깔고 모짜렐라치즈-카레감자옥수수밥-모짜렐라치즈 순으로 올린다.
7. 200℃로 예열한 오븐에 넣어 만두피가 노릇해질 때까지 10분간 구워 초록색 후리가케를
뿌려낸다.

알리올리오 주먹밥

베이컨, 마늘, 올리브오일만 있다면 후다닥 만들 수 있는 알리올리오 주먹밥입니다. 마늘을 노릇하게 굽거나 튀겨 주먹밥 위에 장식으로 올리면 간단하지만, 멋진 주먹밥이 됩니다.

밥 1공기(200g), 베이컨 2줄, 통마늘 10쪽, 올리브유 · 다진 마늘 1큰술씩, 소금 1/3작은술
밥 밑간 참기름 1작은술, 소금 1/4작은술

1. 밥은 밑간하고, 베이컨은 잘게 다지고, 통마늘은 기름에 튀기거나 굽는다.
2. 약한 불에서 달군 팬에 올리브유, 다진 마늘을 넣고 볶다가 다진 마늘 향이 고루 배면 다진 베이컨, 소금을 넣어 볶는다.
3. 볼에 밑간한 밥과 ❷를 넣고 주걱으로 가르듯이 섞는다.
4. 볼에 랩을 깔고 ❸의 알리올리오밥을 넣은 후 경단 모양으로 만든다.
5. 주먹밥 위에 튀기거나 구운 통마늘을 올린 후 꼬치로 꽂는다. 꼬치로 튀긴 통마늘을 주먹밥에 꽂아두면 아이들도 곧잘 먹는다.

COOKING TIP

다진 마늘은 갈색빛이 날 때까지 볶아야

다진 마늘은 오일에 연한 갈색 빛이 날 정도로 볶은 후 다른 재료를 넣어주세요. 연한 갈색 빛이 나지 않은 상태에서 다른 재료들을 넣으면 자칫 마늘의 고소한 향이 아닌 생마늘 냄새가 밸 수도 있어요.

아란치니 주먹밥

'작은 오렌지'라는 뜻의 아란치니는 동글동글 작게 만들어 튀기는 주먹밥이지요. 냉장고 속 채소칸에 있는 재료는 무엇이든 넣어도 좋습니다. 입맛에 따라 재료를 달리해 넣어 드세요.

밥 1공기(200g), 베이컨 4줄, 양파 1/4개, 당근 1/5개, 블랙 올리브 6개, 달걀 1개, 빵가루 1컵, 밀가루 1/3컵, 올리브유 1작은술, 카놀라유 3컵(튀김용)
밥 밑간 참기름 1작은술, 소금 1/4작은술

1. 밥은 밑간하고, 베이컨, 양파, 당근, 블랙 올리브는 곱게 다진다.
2. 달군 팬에 올리브유를 두른 후 다진 베이컨과 양파, 당근을 볶는다.
3. 밑간한 밥에 ❷와 다진 블랙 올리브를 넣어 주걱으로 가르듯이 섞는다.
4. ❸의 밥을 경단 모양으로 만들고 달걀을 풀어, 밀가루-달걀물-빵가루 순으로 묻힌다.
5. 튀김 냄비에 카놀라유를 붓고 170℃로 달구어 튀김옷을 입힌 주먹밥을 노릇하게 튀긴다.

COOKING TIP

블랙 올리브는 생으로 넣고 섞어야

다진 블랙 올리브는 가장 나중에 섞어야 향이 살아요. 올리브를 볶았을 때보다 절임 상태 그대로 먹어야 맛있답니다. 양파를 먼저 볶아 팬에 양파 향을 배게 한 뒤 재료를 차례대로 볶으세요.

손님 초대상 메뉴로 고민 중이라면 초밥 스타일의 주먹밥을 추천합니다.
밥을 초밥 모양으로 잡고 그 둘레를 김이나 길게 슬라이스한 오이,
가지, 호박 등으로 돌돌 말아 알록달록한 속재료를 올리면 멋진 요리가
완성되지요. 어디서나 테이블을 빛내주는 요리들입니다.

한입에 주먹밥 **PART 4**

TOPPING TYPE

- 유부보따리 주먹밥
- 닭가슴살와사비마요네즈 주먹밥
- 황태보푸라기 주먹밥
- 연근초절임 주먹밥
- 오이페타치즈 주먹밥
- 구운 대파밥새우 주먹밥
- 라따뚜이 주먹밥
- 간장깨메추리알 주먹밥
- 새우날치알 주먹밥
- 새우연겨자샐러드 주먹밥
- 연어타르타르 주먹밥
- 콩샐러드 주먹밥

유부보따리 주먹밥

유부초밥에 다양한 토핑을 더한 주먹밥이에요. 오늘은 참치와 불고기, 볶음김치로 맛을 냈지요. 어떤 요리든 유부초밥 위에 토핑으로 올릴 수 있답니다. 때와 장소에 따라 토핑에 변화를 주세요.

밥 1공기(200g), 초밥용 유부 10장
불고기 토핑 쇠고기 100g, 간 양파·다진 파 1/2큰술씩, 간장·설탕 1/3큰술씩, 다진 마늘·맛술·참기름 1/2작은술씩, 후춧가루 약간
참치 토핑 참치통조림 1/2캔, 마요네즈 1과1/2큰술, 후춧가루 약간
김치 토핑 김치 1/2컵, 들기름 1/2작은술, 설탕 1/3작은술
배합초 식초 1/2큰술, 설탕 1/3큰술, 소금 1/5큰술

1. 냄비에 배합초 재료를 넣어 설탕이 녹을 때까지 끓인다.
2. 밥에 배합초를 넣고 주걱으로 가르듯이 섞는다.
3. 쇠고기를 불고기 토핑 양념에 재워 불고기를 만들어 볶는다.
4. 참치는 마요네즈, 후춧가루와 버무리고, 김치는 잘게 다져 양념을 넣고 볶는다.
5. 초밥용 유부에 ❷의 밑간한 밥을 2/3지점까지 넣는다.
6. 각각의 유부에 불고기 토핑, 참치 토핑, 김치 토핑 3가지를 올린다.

닭가슴살와사비 마요네즈 주먹밥

닭가슴살통조림을 이용해 후다닥 만드는 주먹밥이에요. 닭가슴살에 마요네즈를 더하고 와사비를 넣은 샐러드로 느끼함을 줄였지요. 와사비 대신 연겨자나 다진 청양고추를 넣어도 매콤함을 즐길 수 있어요.

밥 1공기(200g), 닭가슴살통조림 1캔(100g), 마요네즈 2큰술,
와사비 1/5작은술, 후춧가루 약간, 김밥용 김 1장
배합초 식초 1/2큰술, 설탕 1/3큰술, 소금 1/5큰술

1. 냄비에 식초, 설탕, 소금 배합초 재료를 넣고 끓인다.
2. 설탕이 녹기 시작하면 불을 끄고, 밥에 완성된 배합초를 넣고 주걱으로 가르듯이 섞는다.
3. 닭가슴살은 마요네즈, 와사비, 후춧가루를 넣어 버무린다.
4. 삼각 틀에 랩을 깔고 밥을 넣어 삼각 모양을 만든다.
5. 김을 세로로 8등분해 삼각 모양의 주먹밥 테두리 3면을 감싼다.
6. ❺ 위에 닭가슴살 버무린 것을 올린다.

COOKING TIP

닭가슴살을 직접 삶아 사용해도 좋아

닭가슴살 샐러드를 만들 때 통조림이 아닌 닭가슴살을 직접 삶아 사용해도 좋아요. 닭가슴살을 삶을 때는 70~80℃의 온도에서 삶아야 육질이 부드럽습니다. 닭가슴살통조림 대신 연어통조림을 넣어도 좋아요.

황태보푸라기 주먹밥

술 마신 다음날 해장용으로 찾는 황태도 주먹밥과 잘 어울리는 재료예요. 황태를 강판이나 커터기에 갈아 보푸라기로 만들어 주먹밥 위에 올리면 간단하면서도 맛깔스럽지요. 간장이나 고춧가루 등으로 색을 내주어도 좋아요.

밥 1공기(200g), 황태채 1컵, 고춧가루·소금·참기름 1/2작은술씩
밥 밑간 참기름 1작은술, 소금 1/4작은술

1. 밥은 참기름과 소금을 더해 밑간한다.
2. 황태채는 커터기에 갈아 보푸리가를 만든다. 곱게 갈아야 입에서 꺼슬거림이 없다.
3. 갈아놓은 황태채에 고춧가루, 소금, 참기름을 넣고 조물조물 묻혀 간한다. 아이가 먹을 요량이라면 고추가루 대신 간장을 넣어도 좋다.
4. 볼 위에 랩을 깐 후 밑간한 밥을 넣어 둥글납작한 모양으로 만든다.
5. ④의 주먹밥에 홈을 만든 후 황태보푸라기를 올린다.

COOKING TIP

황태보푸라기는 커터기로 해결

황태보푸라기는 보통 강판에 갈아 만들지만, 커터기에 갈면 손쉽게 만들 수 있지요. 황태보푸라기에 컬러 후리가케를 넣어 섞으면 컬러도 다양해지고, 맛고 더욱 깊어집니다.

TOPPING TYPE
재료를 섞어 올린
주먹밥

닭가슴살와사비마요네즈
주먹밥

황태보푸라기 주먹밥

유부보따리 주먹밥

연근초절임 주먹밥

비트가루와 치자가루에 물들인 연근을 주먹밥 위에 올려보세요. 마치
한정식집에 온 기분이 들지요. 주먹밥 속에 고기 쌈장을 넣어 맛도 좋답니다.
격식을 갖춰야 하는 상차림에 올리기 좋은 메뉴입니다. 연근피클을 컬러별로
만들어두면 그때그때 사용하기 좋아요.

밥 1공기(200g), 연근 15cm(200g), 레몬 1/4개, 비트가루·치자가루 2/3큰술씩, 올리브유 1작은술
연근 데치는 물 물 5컵, 식초 1큰술
연근 초절임 식초 2/3컵, 다시마 우린 물 1/2컵, 설탕 1/3컵, 매실 1/4컵, 소금 1/3큰술
고기 쌈장 다진 돼지고기 50g, 다진 양파 1큰술, 올리고당 2/3큰술, 고추장·된장·다진 파 1/2큰술씩,
다진 마늘 1작은술, 참기름 1/2작은술
밥 밑간 참기름 1작은술, 소금 1/4작은술

1. 연근은 껍질을 벗긴 후 0.3cm 두께로 자르고, 레몬은 0.2cm 두께로 슬라이스한다.
2. 냄비에 연근 데치는 물을 붓고 끓으면 잘라 놓은 연근을 넣어 1~2분간 데친다.
3. 데친 연근은 찬물에 헹군 후 병 속에 넣는다.
4. 냄비에 연근 초절임 재료를 넣어 끓인 후 한김 식혀 ❸에 붓고 레몬을 넣는다.
5. 비트가루와 치자가루를 각각 다시팩에 담아 ❹에 넣고 뚜껑을 닫고 냉장고에 보관한다.
6. 달군 팬에 올리브유를 두르고 다진 돼지고기를 넣어 볶다가 남은 다진 돼지고기, 남은 고기 쌈장
재료 순으로 넣고 볶는다.
7. 밥은 밑간해 볼에 랩을 깔고 그 위에 밑간한 밥-고기 쌈장-밑간한 밥 순서로 올린 뒤 동그란
모양을 만들어준다. 그 위에 연근초절임을 올린다.

오이페타치즈 주먹밥

깔끔한 맛의 주먹밥이 생각난다면 오이페타치즈 주먹밥을 권해요. 오이로 감싼 주먹밥에 레몬 드레싱으로 버무린 올리브, 방울토마토, 페타치즈를 올려 상큼합니다. 깔끔한 맛이 입안을 개운하게 만들어요.

밥 1공기(200g), 오이 1개, 페타치즈 1/2컵, 방울토마토 5개, 블랙 올리브 4개
레몬 드레싱 설탕·올리브유·식초·레몬즙 1큰술씩, 소금 약간
배합초 식초 1/2큰술, 설탕 1/3큰술, 소금 1/5큰술

1. 배합초를 끓여 밥에 넣고, 주걱으로 가르듯이 섞는다.
2. 방울토마토는 열십자 칼집을 낸 후 끓는 물에 살짝 데친다. 껍질이 들뜨기 시작하면 불을 끄고 껍질을 벗겨 굵게 썬다.
3. 페타치즈와 블랙 올리브도 굵게 다진다. 오이는 감자칼을 이용해 최대한 얇게 슬라이스한다.
4. 볼에 레몬 드레싱 재료를 넣고 섞은 뒤, 준비한 방울토마토, 페타치즈, 올리브를 넣어 버무린다.
5. 밥을 초밥 모양으로 만든 후 슬라이스한 오이로 밥의 둘레를 감싼다.
6. 오이로 감싼 밥 위에 ❹의 샐러드를 올린다.

COOKING TIP

오이는 얇게 썰어야 밀착력도 높아져

오이는 감자칼을 이용해서 얇게 슬라이스해주세요. 오이의 두께가 두꺼우면 밥에 밀착이 제대로 되지 않아 오이가 자꾸 벗겨진답니다. 칼보다는 감자칼을 이용해야 보다 얇게 슬라이스할 수 있어요.

구운 대파밥새우 주먹밥

향채소로만 생각하던 대파를 주인공으로 내세운 주먹밥이에요. 대파는 구우면 깊은 맛과 달짝지근한 맛이 느껴지지요. 주먹밥 위에 대파를 올리고 매운 간장 소스를 발라 밥새우를 올리면 그 맛이 새롭습니다.

밥 1공기(200g), 대파 20cm, 밥새우 1/3컵
매운 간장 소스 청양고추 1개, 다시마 5cm 길이 1장, 간장·설탕 1큰술씩, 맛술 2/3큰술, 물 3큰술
밥 밑간 참기름 1작은술, 소금 1/4작은술

1. 밥은 밑간하고, 대파는 반 갈라 6~7cm 길이로 자른다. 대파의 속겹이 흐트러지지 않도록 주의한다.
2. 기름 없이 달군 팬에 대파를 올려 앞뒤 살짝 굽는다.
3. 밥새우는 마른 팬에 바삭하게 볶아 체에 밭쳐 불순물을 걸러낸다. 청양고추는 2cm 길이로 자른다.
4. 냄비에 청양고추와 남은 매운 간장 소스 재료를 넣어 졸인다.
5. 밑간한 밥은 네모 틀에 넣어 모양을 잡고 구운 대파를 위에 올린다.
6. ⑤ 위에 매운 간장 소스와 볶은 밥새우를 뿌린다.

COOKING TIP

볶은 밥새우는 체에 밭쳐야 바삭해져

밥새우는 과자처럼 바삭할 정도로 볶아주세요. 그래야 소스를 뿌려도 눅눅해지지 않지요. 밥새우를 볶은 후 체에 밭치면 위아래가 고루 식으면서 바삭함이 유지됩니다. 접시에 올려놓고 식히면 접시에 닿는 부분은 눅눅해져요.

라따뚜이 주먹밥

각종 채소를 올리브유에 달달 볶아 끓여내는 스튜 라따뚜이는 프로방스를 대표하는 음식이지요. 라따뚜이에 빠지지 않는 가지와 호박, 토마토로 주먹밥을 만들었어요. 가지와 호박을 얇게 슬라이스해 구워 밥에 감싸고, 그 위에 토마토 소스로 볶아낸 재료를 올렸습니다.

밥 1공기(200g), 호박·가지 1/2개씩, 양파 1/4개, 당근 1/5개, 양송이버섯 4개, 토마토 홀 1/2컵, 올리브유 2큰술, 파마산치즈 1큰술, 다진 마늘 1작은술, 소금 2/3작은술, 설탕 1/2작은술
밥 밑간 참기름 1작은술, 소금 1/4작은술

1. 밥은 참기름과 소금으로 밑간하고, 호박과 가지는 0.2cm 슬라이스한 뒤 올리브유를 얇게 펴 바른 팬에 굽는다.
2. 양파는 곱게 다지고, 슬라이스하고 남은 자투리 호박과 가지, 당근, 양송이버섯, 토마토 홀은 굵게 다진다.
3. 팬에 올리브유를 두른 후 다진 양파와 마늘을 볶다가 ❷의 굵게 다진 호박과 가지, 당근, 양송이버섯을 넣어 볶는다.
4. ❸에 굵게 다진 토마토 홀과 소금, 설탕, 파마산치즈를 넣고 수분이 없을 때까지 볶아 토핑을 만든다.
5. 밑간한 밥은 초밥 모양으로 만들고, 구운 호박과 가지로 초밥 모양의 밥에 감싼다.
6. 구운 호박과 가지로 감싼 주먹밥 위에 완성된 라따뚜이 주먹밥 토핑을 올린다.

간장깨메추리알 주먹밥

간장과 참기름으로 밥을 밑간한 뒤, 달걀 프라이 대신 귀여운 메추리알 프라이를 하나 올려보아요. 맛있고 귀여운 간장깨메추리알 주먹밥이 된답니다. 아이들이 무척 좋아해요.

밥 1공기(200g), 메추리알 10개, 통깨·올리브유 1큰술씩
밥 밑간 간장·참기름 1/2큰술씩

1. 밥에 간장, 참기름을 넣어 주걱으로 가르듯이 밑간한다.
2. 달군 팬에 올리브유를 두르고, 메추리알 프라이를 한다. 메추알은 올리브유를 최대한 작게 넣고 프라이를 해야 들뜨지 않는다.
3. 볼에 랩을 깔고 ❶의 간장깨밥을 넣어 동그라미 모양을 만든다. 뭉친 간장깨밥이 메추리알 프라이보다 크지 않도록 신경쓴다.
4. 둥근 모양의 간장깨밥 위에 메추리알 프라이를 올린 후 통깨를 뿌린다.

COOKING TIP

밥은 뜨거울 때 밑간해야 간도 고루 배

주먹밥용 밥은 뜨거울 때 밑간해야 간이 밥알 사이사이에 고루 배이지요. 이때 주걱에 식초물을 묻혀 밥을 가르듯이 비비면 밥알이 으깨지지 않아요. 비빔밥처럼 고추장과 참기름, 여러 나물을 다져 넣어 비벼도 좋아요.

새우날치알 주먹밥

입안에서 날치알의 톡톡 씹히는 맛과 새우의 탱탱함을 한번에 느낄 수 있는 주먹밥이에요. 한입에 쏙 넣을 수 있는 크기라서 더욱 좋지요. 여기에 완두콩 하나를 콕 박아주면 색과 맛, 식감까지 고루 갖춘 주먹밥이 된답니다.

밥 1공기(200g), 칵테일 새우 20마리, 날치알 1/3컵,
완두콩 1/4컵, 소금 약간
새우 절임 양념 식초·설탕 2/3큰술씩, 소금 1작은술
날치알 담금 양념 맛술 1/2큰술, 식초 1/2작은술
배합초 식초 1/2큰술, 설탕 1/3큰술, 소금 1/5큰술

1. 날치알은 날치알 담금 양념에 5분간 담갔다가 체에 밭친다.
2. 냄비에 배합초를 끓여 밥에 배합초, 체에 밭쳐둔 날치알을 넣고 주걱으로 가르듯이 섞는다.
3. 새우는 끓는 물에 데친 뒤 새우 절임 양념에 넣어 20분간 재운다.
4. 완두콩은 끓는 물에 소금을 약간 넣고 10분정도 삶았다가 체에 밭쳐 물기를 뺀다.
5. 볼에 랩을 깔고 ❷의 날치알밥을 넣어 동그란 모양으로 만든다.
6. 동그랗게 만든 날치알 밥 위에 재워둔 새우, 완두콩을 올린다.

COOKING TIP

데친 새우는 양념에 절였다가 사용

새우를 데칠 때 물의 양은 너무 많이 잡지 말고 색깔이 나면 바로 건지세요. 새우를 끓는 물에서 너무 오래 데치거나 물의 양이 자칫 너무 많으면 새우의 맛이 다 빠져나가기 쉽습니다. 새우는 절일 때는 냉장고에 차게 두면 더 맛납니다.

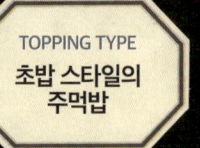

TOPPING TYPE
초밥 스타일의
주먹밥

연어타르타르 주먹밥

새우연겨자샐러드 주먹밥

콩샐러드 주먹밥

새우연겨자샐러드 주먹밥

새우를 새콤달콤한 소스에 버무려 샐러드로 만들어 주먹밥 위에 올렸어요. 연겨자의 톡 쏘는 맛이 김으로 싼 주먹밥에 잘 어우러진답니다. 샐러드 토핑용 새우는 잘게 잘라서 소스와 버무려야 간이 속속이 잘 배여요.

밥 1공기(200g), 칵테일 새우 20개, 당근·양파·파프리카 1/4개씩, 소금 약간, 김밥용 김 1장
연겨자 소스 식초·설탕 1큰술씩, 연겨자·물 1/2큰술씩
밥 밑간 참기름 1작은술, 소금 1/4작은술

1. 밥은 참기름과 소금을 넣고 밑간한다.
2. 당근, 양파, 파프리카는 0.3cm 두께로 다진다.
3. 칵테일 새우는 끓는 물에 소금 약간을 넣고 데쳐 식힌다. 한김 식으면 새우를 1cm 길이로 자른다.
4. 식초와 설탕, 연겨자, 물을 섞어 연겨자 소스를 만들어 다진 당근, 양파, 파프리카와 1cm로 자른 새우와 섞는다.
5. 밑간한 밥을 초밥 모양으로 만든다.
6. 김은 세로로 8등분하여 초밥 모양의 밥에 감싸 연겨자 소스에 버무린 재료를 올린다.

COOKING TIP

새우는 식초 넣은 물에 삶아야

새우를 데칠 때는 끓는 물에 식초 한 방울을 떨어트려 데쳐 주세요. 그러면 새우의 육질이 보다 더 탱탱해진답니다. 새우의 단백질이 산성분의 식초와 만나 더 쫄깃해집니다.

연어타르타르 주먹밥

훈제연어, 케이퍼, 홀그레인 소스로 샐러드를 무쳐 밥 위에 올리고 여기에 레몬 한쪽 더하면 상큼하면서도 맛있는 연어타르타르 주먹밥이 완성됩니다. 근사한 주먹밥을 만들고 싶을 때 준비해보세요.

밥 1공기(200g), 훈제연어 1/2컵, 레몬 1/4개,
다진 양파 · 홀그레인 소스 3큰술씩, 케이퍼 1과1/2큰술, 김밥용 김 1장
배합초 식초 1/2큰술, 설탕 1/3큰술, 소금 1/5큰술

1. 냄비에 식초와 설탕, 소금을 넣고 배합초를 끓인다.
2. ❶의 설탕이 녹기 시작하면 불을 끄고 밥에 섞어 주걱으로 가르듯이 섞는다.
3. 훈제연어는 굵게 다지고 다진 양파와 케이퍼를 넣고 섞는다.
4. 레몬은 얇게 슬라이스하고 배합초 섞은 밥은 초밥 모양으로 만든다.
5. 김은 세로로 8등분하여 초밥 모양의 밥을 감싼다.
6. 김으로 감싼 주먹밥 위에 ❸을 올린 후 홀그레인 소스를 뿌리고, 레몬 한쪽을 올린다.

COOKING TIP

김은 밥이 식은 뒤 감싸야 모양도 예뻐

초밥 둘레에 김을 감싸는 군함말이를 만들 때는 밥의 온도에 신경쓰세요. 밥이 너무 뜨거울 때 김을 감싸면 김이 쭈글쭈글해지기 쉽지요. 밥이 식은 후 감싸야 예쁜 모양이 된답니다.

콩샐러드 주먹밥

부담 없는 주먹밥을 생각날 때 콩샐러드 주먹밥은 어떨까요? 여러 가지 콩을 삶아 새콤한 양념에 버무려 올려보세요. 간단하지만 맛있는 콩샐러드 주먹밥이 만들어져요. 풋콩이 없다면 검은콩, 병아리콩 다른 콩으로 만들어도 좋아요.

밥 1공기(200g), 완두콩 · 풋콩 1/2컵씩, 파프리카 1/4개, 김밥용 김 1장
콩샐러드 양념 식초 3큰술, 다진 양파 · 설탕 · 올리브유 1큰술씩, 소금 1/2작은술
밥 밑간 참기름 1작은술, 소금 1/4작은술

1. 밥은 참기름과 소금을 섞어 밑간한다.
2. 끓는 물에 완두콩과 풋콩을 넣어 10분 삶고, 차게 식힌다.
3. 파프리카는 굵게 다진다.
4. 볼에 콩 샐러드 양념 재료를 넣고 섞은 뒤 차게 식힌 콩을 넣어 버무린다.
5. 밑간한 밥은 초밥 모양으로 만든다.
6. 김을 세로로 8등분 하여 초밥 모양의 밥을 감싼다.
7. 김으로 감싼 주먹밥 위에 ❹의 콩샐러드를 올린다.

맛있게 익은 장아찌나 쌉싸름한 제철채소로 감싼 주먹밥을 준비해요.
깻잎장아찌, 묵은지, 양배추, 케일, 호박잎 등 널찍한 잎채소만 있다면
언제고 만들 수 있지요. 밥 안에 쌈장과 고추장을 넣고 모양을 잡아
잎채소로 둘러주세요. 한입에 주먹밥으로 최고예요.

한입에 주먹밥 **PART 5**

WRAP TYPE

- 햄말이 주먹밥
- 유부채소 주먹밥말이
- 구운 찹쌀두부 주먹밥
- 묵은지쌈 주먹밥
- 케일쌈 주먹밥
- 쇠고기로 감싼 주먹밥
- 주먹밥을 품은 표고버섯
- 양배추쌈 주먹밥
- 깻잎장아찌쌈 주먹밥
- 달걀쌈 주먹밥

햄말이 주먹밥

슬라이스 햄 하나로 색다른 주먹밥을 만들 수 있어요. 잘게 다져 볶은 당근과 양파에 단무지를 다져 섞은 채소볶음밥을 슬라이스 햄에 얹었지요. 미나리를 데쳐 살짝 끈을 묶어주면 어디 내놓아도 부족하지 않을 요리가 됩니다.

밥 1공기(200g), 슬라이스 햄 10장, 단무지 1/3컵, 양파 1/5개, 당근 1/6개, 올리브유 1/2작은술, 소금 약간, 데친 미나리(묶음 용)
밥 밑간 참기름 1작은술, 소금 1/4작은술

1. 밥은 참기름과 소금을 넣고 섞어 밑간한다.
2. 단무지와 양파, 당근은 곱게 다진다.
3. 다진 양파와 당근은 달군 팬에 올리브유를 둘러 약간의 소금을 넣고 볶는다.
4. 볼에 밑간한 밥, 볶은 당근과 양파, 다진 단무지를 고루 섞는다.
5. ❹의 채소밥을 초밥 모양으로 잡아 슬라이스 햄 위에 올린다.
6. 데친 미나리를 이용해 슬라이스 햄과 채소밥을 고정시킨다.

유부채소 주먹밥말이

양념에 졸인 유부 안에 시금치와 당근, 밥을 넣어 돌돌 말면 부드러운 식감의 주먹밥말이가 되지요. 시금치, 당근 대신 다양한 나물 또는 파프리카를 넣어도 맛있습니다. 포인트는 초밥용이 아닌 조리용 유부입니다.

밥 1공기(200g), 조리용 유부 6장, 시금치 6줄기, 당근 1/4개, 올리브유 1/2작은술, 소금 1/6작은술, 데친 부추(묶음용)
유부조림 양념 맛술 1큰술, 간장·올리고당 1/2큰술씩, 물 1/4컵
시금치무침 양념 소금 1/6작은술, 참기름 약간
당근볶음 양념 올리브유 1/2작은술, 소금 1/6작은술
밥 밑간 참기름 1작은술, 소금 1/4작은술

1. 밥은 참기름과 소금을 넣고 섞어 밑간한다.
2. 조리용 유부는 주먹밥을 돌돌 말 수 있게끔 3면을 가위로 잘라서 넓게 편다.
3. 냄비에 3면을 자른 유부와 유부 양념을 넣고 조린다.
4. 시금치는 끓는 물에 데쳐 찬물에 헹구어 양념을 하고, 당근은 채 썬다.
5. 팬에 당근과 당근 양념을 넣고 볶는다.
6. 밑간한 밥은 초밥 모양으로 만들고 졸인 유부는 넓게 편다.
7. ❻ 위에 초밥 모양의 밥, 데친 시금치, 볶은 당근과 함께 넣고 돌돌 말고 데친 부추로 묶는다.

COOKING TIP

조리용 유부를 사용해야

유부는 초밥용 유부가 아닌 네모난 조리용 유부를 사용하세요. 유부의 3면을 가위로 잘라 넓게 펼쳐야 다른 재료를 넣어 말기 편답니다. 3면 자른 유부를 그대로 두면 유부 표면이 금세 말라 뻣뻣해지지요. 잠깐이라도 위생백에 넣었다 사용하세요.

구운 찹쌀두부 주먹밥

두부를 찹쌀가루를 입혀 구우면 쫄깃한 식감이 살아납니다. 달래가 나오는 계절에 향긋한 달래간장을 만들어 밥에 양념을 해보세요. 달래 향이 입안에 퍼져 쫄깃한 찹쌀 두부와 입안을 즐겁게 해줍니다.

밥 1공기(200g), 두부 1/2모, 찹쌀가루 3큰술, 올리브유 1과1/2큰술,
달래 양념장 다진 달래 1큰술, 참기름 1/2큰술, 간장·고춧가루1/2작은술씩, 설탕 1/3작은술

1. 두부는 사방 3cm 자른 후 키친타월에 감싸 수분을 제거한다. 그래야 두부를 지질 때 수분이 많이 나오지 않는다.
2. 수분을 제거한 두부는 앞뒤로 찹쌀가루를 묻혀 팬에 올리브유를 두른 후 지진다.
3. 볼에 달래와 고춧가루, 참기름, 간장, 설탕을 섞어 달래 양념장을 만든다.
4. 밥에 ❸의 양념장을 넣어 섞는다.
5. 사각 틀에 랩을 깐 후 달래비빔밥을 넣어 사각 모양으로 만든다.
6. 주먹밥 위에 팬에 지진 두부를 올린다. 취향껏 실파나 부추를 송송 썰어 뿌려도 좋다.

COOKING TIP

찹쌀가루 대신 감자전분도 사용 가능

찹쌀가루가 없다면 대신 감자 전분을 묻혀 지져도 비슷한 식감을 낼 수 있어요. 다만 두부는 지지기 전에 반드시 키친타월로 감싸 수분을 최대한 제거한 뒤 사용해야 해요.

묵은지쌈 주먹밥

김치냉장고에 넣어둔 묵은지로도 맛있는 쌈 주먹밥을 만들 수 있지요. 양념한 돼지고기를 밥에 섞어 묵은지로 감싸보세요. 깔끔하면서도 깊은 맛의 묵은지쌈 주먹밥을 맛볼 수 있어요. 특히 어르신 초대상에 올리면 인기 만점 메뉴입니다.

밥 1공기(200g), 묵은지 1컵, 다진 돼지고기 50g, 데친 참나물(묶음용)
다진 돼지고기 양념 다진 마늘 · 간장 · 설탕 · 참기름 1/2작은술씩, 후춧가루 약간

1. 볼에 다진 마늘, 간장, 설탕, 참기름, 후춧가루를 넣고 섞어 다진 돼지고기 양념을 만든다.
2. 다진 돼지고기를 ❶의 양념에 재운다.
3. 묵은지는 배춧잎에 묻은 양념을 흐르는 물에 깨끗이 턴다.
4. 달군 팬에 양념에 재운 다진 돼지고기를 볶는다.
5. 밥에 볶은 다진 돼지고기를 섞어 볶은 돼지고기밥을 만든다.
6. 볶은 돼지고기밥을 초밥 모양으로 잡아, 양념을 털은 묵은지 위에 올린다.
7. 묵은지를 돌돌 말아 끝에 남는 묵은지는 잘라준 후 데친 참나물로 묶는다.

COOKING TIP

묵은지는 양념을 씻어내고 사용해야

묵은지는 양념을 씻어낸 후 사용하여야 깔끔하게 쌈 주먹밥을 만들 수가 있어요. 묵은지가 신맛과 쓴맛이 있다면 설탕을 약간 넣고 무치세요. 묵은지를 잘게 다져 주먹밥에 넣어도 좋아요.

케일쌈 주먹밥

주로 고기와 함께 쌈채소로 즐기는 케일은 쌈밥을 만들기에 좋은 잎채소입니다. 밑간한 밥을 초밥 모양으로 잡아 데친 케일로 쌈을 싼 뒤, 반 잘라 오징어젓을 토핑해내면 먹음직스러운 주먹밥이 완성되지요.

밥 1공기(200g), 케일 8~10장, 오징어젓 1/4 컵, 풋고추 1개, 소금 약간
밥 밑간 참기름 1작은술, 소금 1/4작은술

1. 밥은 참기름과 소금을 넣고 섞어 밑간한다.
2. 오징어젓은 굵게 다지고, 풋고추는 송송 썬다.
3. 끓는 물에 소금을 약간 넣고 케일을 3초정도 살짝 데쳐 찬물에 헹구어 물기를 뺀다.
4. 데친 케일의 뒷면의 두꺼운 줄기부분을 칼로 저며 제거한다.
5. 밑간한 밥을 타원형 모양으로 잡고 케일 위에 올려 양쪽의 잎을 중앙으로 접고 돌돌 만다.
6. ❺를 반 잘라 단면을 위로 향하게 놓고, 굵게 다진 오징어젓과 송송 썬 풋고추를 올린다.

COOKING TIP

쌈용 케일은 굵은 줄기는 제거해야

데친 케일은 뒷부분의 굵은 줄기 부분을 칼로 저며야 쌈이 예쁘게 잘 말아져요. 쌈밥 재료로 케일을 준비할 때는 잎이 넓은 걸 고르고, 끓는 물에 아주 살짝만 데쳐내야 본연의 맛이 유지됩니다.

쇠고기로 감싼 주먹밥

불고기감 쇠고기에 양념을 하여 밥을 감싼 주먹밥입니다. 밥 안에 양념한 쇠고기의 맛이 스며들어 한층 더 맛있지요. 주먹밥을 구울 때 양념을 덧발라가며 구우면 양념이 잘 배어 맛이 더욱 좋아집니다.

밥 1공기(200g), 쇠고기 불고기감 100g
쇠고기 양념 간장·설탕 1큰술씩, 참기름 1작은술, 후춧가루 약간
밥 밑간 참기름 1작은술, 소금 1/4작은술

1. 밥은 참기름과 소금을 넣고 섞어 밑간한다.
2. 볼에 간장, 설탕, 참기름, 후춧가루를 섞어 쇠고기 양념을 만든다.
3. 쇠고기 불고기감은 냉동고에 잠깐 넣어 살짝 얼린 상태가 되도록 한다.
4. ❸의 쇠고기 불고기감을 넓게 펼쳐 양념장을 앞뒤로 발라 간을 한다.
5. 밑간한 밥을 볼에 랩을 깔아 둥근 모양으로 잡는다.
6. ❹의 펼친 쇠고기 불고기감에 둥근 모양의 밥을 올려 감싼 뒤, 겉면에 양념장을 한 번 더 바른다.
7. 달군 팬 또는 예열된 200℃ 오븐에서 양념을 발라가며 굽는다.

COOKING TIP

불고기감은 살짝 얼렸다가 조리

쇠고기 불고기감은 살짝 얼렸다가 사용해야 양념을 바를 때 쉽게 찢어지지 않아요. 쇠고기의 누린내가 심하다면 청주(또는 소주)를 뿌렸다가 키친타월로 수분을 제거한 뒤 조리를 시작하세요.

주먹밥을 품은 표고버섯

표고버섯 안에 양념한 주먹밥을 넣고 달걀물을 입혀 지져낸 주먹밥입니다. 쫄깃한 식감의 표고버섯과 다진 채소를 넣은 밥의 조화가 특별하지요. 한입 베어 물면 표고버섯의 수분이 입 안 가득 나와 맛이 더 좋답니다.

밥 1공기(200g), 표고버섯 8~10개, 양파 1/5개, 당근 1/6개, 달걀 1개, 올리브유 3큰술, 밀가루 2큰술, 감자전분 1큰술, 물 1큰술
밥 밑간 다진 마늘·다진 파·소금·참기름 1/2작은술씩

1. 밥은 다진 마늘과 다진 파, 소금, 참기름을 넣고 섞어 밑간한다.
2. 표고버섯은 밑동을 떼어 준비한다.
3. 떼어낸 표고버섯 밑동과 양파, 당근은 곱게 다진다.
4. 밑간한 밥에 다진 표고버섯 밑동과 양파, 당근, 감자전분, 물을 넣고 고루 섞어 반죽한다.
5. ❷의 표고버섯 안쪽에 밀가루를 묻혀 접착력을 높인 뒤, ❹의 밥 반죽을 넣는다. 달걀을 풀어 달걀물을 만든다.
6. 밥 반죽을 넣은 표고버섯은 밀가루, 달걀물 순으로 묻혀 달군 팬에 올리브유를 둘러 지져낸다.

COOKING TIP

표고버섯 밑동은 버리지 말아야

떼어낸 표고버섯 밑동은 버리지 말고 보관하세요. 딱딱한 부분만 제거한 뒤 보관하면 육수 낼 때, 장조림 만들 때 감칠맛을 내는 귀한 재료가 됩니다. 잘 말렸다가 가루로 만들어두면 맛있는 천연조미료가 되어요.

WRAP TYPE
복주머니 모양의
주먹밥

양배추쌈 주먹밥

깻잎장아찌 주먹밥

달걀쌈 주먹밥

양배추쌈 주먹밥

양배추는 단골 쌈 재료이지요. 이번엔 잔멸치 쌈장을 안에 넣고 양배추로 쌈 주먹밥을 만들었습니다. 잔멸치의 고소함이 양배추의 맛을 더 맛있게 해준답니다. 견과류, 들깨가루를 더 넣어도 좋고요.

밥 1공기(200g), 양배추 8~10장, 잔멸치 2큰술, 데친 미나리(묶음용)
잔멸치 쌈장 된장 2큰술, 고추장 1/2큰술, 통깨·참기름 1작은술씩, 다진 마늘 1/2작은술
밥 밑간 참기름 1작은술, 소금 1/4작은술

1. 밥은 참기름과 소금을 넣고 섞어 밑간한다.
2. 양배추는 김 오른 찜기에서 살짝 숨이 죽을 정도로만 찐다.
3. 잔멸치는 마른 팬에 바짝 볶은 뒤 곱게 다진다.
4. 볶아 다진 잔멸치에 된장, 고추장, 다진 마늘, 통깨, 참기름을 넣어 잔멸치 쌈장을 만든다.
5. 볼에 랩을 깔고 밑간한 밥-잔멸치 쌈장-밑간한 밥을 넣어 둥근 모양을 만든다.
6. 찐 양배추에 잔멸치 쌈장을 넣은 주먹밥을 올려 복주머니처럼 감싼 후 미나리로 묶는다.

COOKING TIP

양배추는 잔열에 삶아야 식감도 좋아

양배추는 삶기에 따라 그 맛이 좌우되지요. 김이 오른 찜기에 양배추를 넣어 숨이 죽으면 불을 꺼주세요. 남은 잔열로 양배추를 쪄야 식감이 좋답니다. 끓는 물에 양배추를 데칠 때는 20초면 충분해요.

깻잎장아찌쌈 주먹밥

깻잎장아찌를 쌈으로 활용했어요. 양념한 닭가슴살을 밥과 섞어 깻잎에 감싸면 입맛 돋우는 깻잎장아찌 주먹밥이 완성됩니다. 고추를 다져 넣으면 매콤하게 즐길 수 있어요.

밥 1공기(200g), 깻잎장아찌 10장, 닭가슴살 1쪽(100g), 데친 부추(묶음용)
닭가슴살 양념 간장·설탕 1/2큰술씩, 참기름 1작은술, 다진 마늘·다진 파 1/2작은술씩, 후춧가루 약간
밥 밑간 참기름 1작은술, 소금 1/4작은술

1. 밥은 참기름과 소금을 넣고 섞어 밑간한다.
2. 닭가슴살은 곱게 다지고, 볼에 다진 마늘과 다진 파, 간장, 설탕, 참기름, 후춧가루를 섞어 닭가슴살 양념을 만든다.
3. 다진 닭가슴살은 ❷의 양념을 넣고 10분간 재웠다가 팬에 볶는다.
4. 볶은 닭가슴살에 밑간한 밥을 섞어 주걱으로 가르듯이 섞는다.
5. 볼에 랩을 깔고 ❹의 볶은 닭가슴살밥을 넣어 동그랗게 만든다.
6. 깻잎장아찌를 잘 펴고 동그랗게 모양 잡은 밥을 올려 감싼 후 데친 부추로 묶는다.

COOKING TIP

닭가슴살은 잘게 다져 볶아야

닭가슴살을 볶을 때는 작게 잘라 센 불에서 빨리 볶아주세요. 그래야 수분이 많이 날아가지 않아 닭가슴살이 퍽퍽해지지 않아요. 도톰한 닭가슴살은 중약불에서 뚜껑을 닫고 익혀주세요.

달걀쌈 주먹밥

채소만 쌈이 되는 것은 아니랍니다. 달걀지단으로 밥을 감싸보세요. 예쁜 노란빛의 달걀쌈 주먹밥을 만들 수 있어요. 샛노란 달걀지단 속에 어떤 맛의 주먹밥이 들어 있을까요? 호기심을 불러오는 주먹밥이에요.

밥 1공기(200g), 달걀 4개, 단무지 1/4컵, 게맛살 2개, 슬라이드 햄 2장, 올리브유 약간
데친 참나물 약간(묶음용)
달걀 밑간 맛술 2작은술, 소금 1/3작은술
밥 밑간 참기름 1작은술, 소금 1/4작은술

1. 밥은 밑간하고 단무지, 게맛살, 슬라이드 햄은 곱게 다진다.
2. 볼에 밑간한 밥, 다진 단무지와 게맛살, 햄을 넣고 섞는다.
3. 볼에 랩을 깐 후 ❷의 밥을 넣어 동그랗게 만든다.
4. 달걀은 풀어 체에 내려 알끈을 제거하고, 맛술과 소금으로 밑간한다.
5. 약한 불에 달군 팬에 올리브유를 두르고 키친타월로 펴 바른 후 ❹의 달걀물을 부어 달걀지단을 동그란 모양으로 만든다.
6. ❺의 달걀지단 위에 동그랗게 만든 주먹밥을 올려 감싼 후 데친 참나물로 묶는다.

주먹밥으로 만드는 생일케이크 어떠신가요? 지금부터 색다른 주먹밥의
세계로 안내합니다. 생일을 맞은 주인공이 좋아하는 재료만 모아
밥케이크를 만들어보세요. 밑간한 밥과 잘게 다진 재료를 틀에 넣어
켜켜이 쌓으면 컬러풀한 밥케이크를 만들 수 있답니다. 컵에 넣어
어디서나 꺼내 먹기 좋은 컵밥도 함께 소개합니다.

한 입 에 주먹밥 **PART 6**

CAKE TYPE

- 매콤달콤새우 밥케이크
- 베이컨오이날치알 밥케이크
- 매콤고기볶음 밥케이크
- 오므라이스 밥케이크
- 카레소스 밥케이크
- 보리열무김치 컵밥
- 층층봄나물 컵밥
- 옛날도시락 컵밥

카레소스 밥케이크

매콤달콤새우 밥케이크

매콤달콤새우 밥케이크

마치 케이크 한 조각 같지요? 층층이 밥과 재료를 번갈아 쌓아올려 만든 색과 모양이 예쁜 밥케이크입니다. 맨 위에 매콤달콤하게 볶은 새우를 올리고 어린잎을 뿌리면 보기에도 먹음직스럽지요.

밥 1공기(200g), 칵테일 새우 20마리, 브로콜리 · 빨강 파프리카 · 노랑(또는 주황)
파프리카 1/4개씩, 올리브유 1작은술, 어린잎 샐러드 약간
고추장 양념 설탕 2큰술, 고추장 · 식초 1/2큰술씩, 케첩 1/3컵, 물 1/4컵
새우 밑간 다진 마늘 1작은술, 청주 1/2작은술, 후춧가루 약간
밥 밑간 참기름 1작은술, 소금 1/4작은술

1. 밥과 새우는 각각 밑간하고, 파프리카는 컬러별로 나눠 굵게 다진다.
2. 끓는 물에 소금을 넣고 브로콜리를 데쳐 곱게 다진다. 어린잎 샐러드는 씻어 체에 밭친다.
3. 달군 팬에 올리브유를 두르고 밑간한 새우를 넣어 볶는다.
4. 팬에 고추장 양념 재료를 넣어 끓어오르면 ❸을 넣어 볶는다.
5. 밑간한 밥은 올리브유를 바른 사각 틀의 가장 아래에 깐다.
6. 그 위에 다진 빨강 파프리카-밑간한 밥-다진 노랑 파프리카-밑간한 밥-다진 브로콜리-밑간한 밥 순으로 꼭꼭 눌러가며 담는다.
7. 사각 틀에서 밥케이크를 꺼낸 뒤 맨 위에 매콤달콤 새우볶음을 올리고 어린잎을 뿌린다.

COOKING TIP

새우는 청주로 밑간해 비린 맛 제거

새우는 청주, 후추, 다진 마늘을 넣고 밑간해야 비린 맛을 없앨 수 있어요. 청주 대신 맛술 또는 소주를 넣어도 잡냄새를 없앨 수 있지요.

베이컨오이날치알 밥케이크

밥케이크 위에 주황 날치알을 올려보세요. 주황빛의 날치알이 시선을 사로잡지요. 톡톡 터지는 날치알의 맛과 부드러운 감자, 짭조름한 베이컨의 조화가 입안을 행복하게 해준답니다.

밥 1공기(200g), 베이컨 4줄, 오이 1/2개, 감자 1/2개, 주황 날치알 1/2컵, 피클 1/3컵, 마요네즈 3큰술, 소금 1/2작은술, 올리브유 약간
날치알 담금 양념 맛술 1/2큰술, 식초 1/2작은술
밥 밑간 참기름 1작은술, 소금 1/4작은술

1. 밥은 밑간하고, 오이는 얇게 링 모양으로 슬라이스한다.
2. 슬라이스한 오이는 소금 1/2작은술에 절여 살짝 헹궈 물기를 꽉 짠다.
3. 감자는 삶아 으깬 후 마요네즈에 버무리고, 피클은 다진다.
4. 베이컨은 곱게 다져 볶고, 날치알은 날치알 담금 양념에 5분간 담갔다가 체에 밭친다.
5. 사각 틀에 올리브유를 바르고 밑간한 밥-절인 오이-밑간한 밥-마요네즈 버무린 감자-밑간한 밥-볶은 베이컨-밑간한 밥-피클-밑간한 밥 순으로 켜켜이 올린다.
6. 사각 틀에서 밥케이크를 꺼낸 뒤 맨 위에 주황 날치알을 두껍게 올린다.

COOKING TIP

오이는 수분을 빼고 넣어야

수분이 많은 오이는 소금에 절였다 사용해야 다른 재료와 어우러져요. 소금의 삼투압 작용으로 인해 수분이 빠져 나와요. 맛을 더하고 싶다면 식초, 설탕, 소금을 넣어 절였다가 넣어도 좋아요.

매콤고기볶음 밥케이크

후다닥 빨리 맛있는 밥케이크를 만들고 싶다면 돼지고기를 양념해 볶으세요. 파프리카와 영양부추를 굵게 다져서 밑간한 밥과 켜켜이 쌓고 맨 위에 매콤하게 볶은 돼지고기를 올리면 맛있는 밥케이크가 완성됩니다.

밥 1공기(200g), 다진 돼지고기 100g, 빨강 파프리카 · 노랑 파프리카 1/4개씩, 영양부추 1/3줌
돼지고기 양념 다진 파 1큰술, 고추장 · 올리고당 2/3큰술씩, 고춧가루 · 다진 마늘 · 맛술 1/2큰술씩, 설탕 · 간장 1작은술씩
밥 밑간 참기름 1작은술, 소금 1/4작은술

1. 밥은 밑간하고, 영양부추, 파프리카는 컬러별로 나누어 굵게 다진다.
2. 볼에 돼지고기 양념을 한데 넣어 섞는다.
3. 다진 돼지고기에 ❷의 양념을 넣고 밑간해 볶는다.
4. 원형 틀 안쪽에 올리브유를 바른 뒤 밑간한 밥-다진 빨강 파프리카-밑간한 밥-다진 노랑 파프리카-밑간한 밥-다진 영양부추-밑간한 밥 순으로 꼭꼭 눌러가며 얹는다.
5. 원형 틀에서 밥케이크를 꺼낸 뒤 맨 위에 미리 볶아둔 매콤돼지고기를 수북이 올린다.

COOKING TIP
고추장과 고춧가루 섞어서 사용

제육볶음에는 고추장과 고춧가루를 섞어서 넣으세요. 고추장을 넣으면 단맛이 강하고, 고춧가루를 넣으면 깔끔한 매운맛이 나지요. 고추장 대신 간장 양념으로 만들어 볶아도 맛나요.

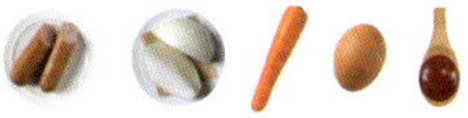

오므라이스 밥케이크

동그란 틀에 밥을 넣고 달걀지단을 켜켜이 넣어 쌓아보세요. 재미있는 오므라이스가 만들어집니다. 달걀지단을 부쳐 밥케이크와 동일한 모양의 틀로 찍어내는 게 포인트입니다.

밥 1공기(200g), 소시지 1개, 양파·당근 1/4개씩, 달걀 3개, 토마토 케첩 3큰술, 올리브유 1/2큰술, 후춧가루 약간
달걀 밑간 맛술 1작은술, 소금 1/4작은술
밥 밑간 참기름 1작은술, 소금 1/4작은술

1. 밥은 밑간하고, 소시지와 양파, 당근은 곱게 다진다.
2. 달걀은 풀어 체에 걸러 알끈을 제거하고, 맛술과 소금을 넣어 밑간한다.
3. 약한 불로 달군 팬에 올리브유를 둘러 키친타월로 펴 바른 뒤 밑간한 달걀물을 풀어 지단을 만든다.
4. ❸의 지단을 원형 틀로 찍어 둥근 지단 모양을 낸다.
5. 올리브유를 두른 팬에 ❶과 후춧가루를 넣고 볶음밥을 한다.
6. 원형 틀 안쪽에 올리브유를 바른 뒤 볶음밥-달걀지단-볶음밥-달걀지단 순으로 올린다.
7. 원형 틀에서 밥케이크를 꺼낸 뒤 맨 위에 토마토케첩을 뿌린다.

COOKING TIP

달걀지단은 틀로 모양 찍기

오므라이스 밥케이크 모양을 잡아줄 틀로 지단을 찍어 크기를 맞추세요. 달걀지단을 만들 때 잘 찢어진다면 녹말물을 약간 넣어 최대한 약한 불에서 부쳐주세요.

카레소스 밥케이크

다양한 채소를 밥과 번갈아 가며 켜켜이 쌓고 감자카레 소스를 위에 올려보세요.
짤 주머니에 소스를 담아 짜면 케이크 위에 생크림 장식을 하는 기분이 들지요.
마치 머핀 위에 노란빛의 생크림을 짜놓은 거 같아요.

밥 1공기(200g), 닭가슴살 1쪽(100g), 피망 1/2개, 당근 1/3개, 감자 1개, 올리브유 2큰술, 다진 마늘 1/2작은술, 소금 약간
카레 양념 카레가루 1/3봉지, 물·우유 1/2컵씩
닭가슴살 밑간 맛술 1/2큰술, 다진 마늘 1작은술, 후춧가루 약간
밥 밑간 참기름 1작은술, 소금 1/4작은술

1. 밥과 닭가슴살은 각각 밑간한다. 피망은 굵게, 당근은 곱게 다진다.
2. 달군 팬에 올리브유를 둘러 다진 당근과 소금을 넣고 볶는다.
3. 밑간한 닭가슴살은 곱게 다지고, 감자는 삶아 으깬다.
4. 달군 팬에 올리브유와 다진 마늘을 볶다가 다진 닭가슴살을 더해 한 번 더 볶는다.
5. 냄비에 카레 양념과 삶아 으깬 감자를 넣고 농도가 나도록 끓여 식힌 후 깍지를 끼운 짤 주머니에 완성한 카레 소스를 넣는다.
6. 원형 틀 안쪽에 올리브유를 바르고 밑간한 밥-다진 피망-밑간한 밥-볶은 닭가슴살-밑간한 밥-다진 당근-밑간한 밥을 올린다.
7. 원형 틀에서 밥케이크를 꺼낸 뒤 맨 위에 짤 주머니를 이용해 카레 소스를 장식처럼 올린다.

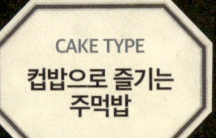

CAKE TYPE
컵밥으로 즐기는
주먹밥

층층봄나물 컵밥

보리열무김치 컵밥

옛날도시락 컵밥

보리열무김치 컵밥

보리밥에 열무김치를 넣고 고추장 한 큰술 넣어 쓱쓱 비벼 먹으면 맛있지요. 그 재료 그대로 컵에 담았습니다. 보리밥을 지어 송송 썬 열무김치와 켜켜이 쌓으면 초간단 컵밥이 완성됩니다.

보리밥 1공기(200g), 열무김치 1컵, 당근 1/4개, 고추장 1큰술
보리밥 밑간 참기름 1작은술, 소금 1/4작은술

1. 보리밥에 참기름과 소금을 넣고 섞어 밑간한다. 보리밥이 부담스럽다면 흰밥과 섞어 넣는다.
2. 열무김치는 씹히는 맛이 나도록 너무 잘지 않게 송송 썬다.
3. 당근은 볶지 않고 그대로 사용하므로 최대한 곱게 다진다.
4. 컵에 밑간한 밥-열무김치-밑간한 밥-다진 당근-밑간한 밥 순으로 올린다. 케이크와 달리 꾹꾹 눌러 담지 않아도 된다.
5. ❹ 위에 고추장과 송송 썬 열무김치를 수북이 올려 뚜껑을 닫는다. 고추장은 입맛대로 양을 조절한다.

COOKING TIP

신 열무김치는 매실청과 들기름 넣고 볶아

열무김치의 신맛이 강할 땐 매실청과 들기름을 약간 넣어 달달 볶아 사용하세요. 단맛과 고소함이 더해져 열무김치의 신맛이 덜 나지요. 열무에는 사포닌 성분이 많으니 여러 요리로 즐기세요.

층층봄나물 컵밥

봄나물을 가득 담은 컵밥입니다. 틀 대신 컵에 재료를 켜켜이 올리면 되지요. 컵밥은 그대로 비벼 먹기 좋아 피크닉용으로 준비하기도 좋아요. 봄들이에는 봄향기 가득한 나물을 종류별로 올려보세요.

밥 1공기(200g), 세발나물·돌나물 1컵씩, 달래 1/4단, 다진 돼지고기 50g, 달걀 2개, 약고추장 4큰술, 올리브유 1작은술,
세발나물무침 양념 참기름 1/2작은술, 소금 약간
다진 돼지고기 양념 다진 마늘·다진 파·간장·설탕 1/2작은술씩, 맛술 1/3작은술, 후춧가루 약간
약고추장(10큰술 분량) 고추장 4큰술, 다진 쇠고기 3큰술(50g), 다진 양파 2큰술, 올리고당 1과1/2큰술, 참기름·설탕 1/2큰술씩, 다시마 우린 물 또는 물 1/2컵
밥 밑간 참기름 1작은술, 소금 1/4작은술
달걀 밑간 맛술 1/2작은술, 소금 1/5작은술

1. 밥은 참기름 1작은술, 소금 1/4작은술을 넣고 밑간한다.
2. 세발나물은 살짝 데쳐 찬물에 헹궈 체에 밭쳐 무친다.
3. 달래는 먹기 좋게 자르고, 돌나물은 입만 뜯어 준비한다.
4. 볼에 다진 돼지고기 양념을 섞어 고기에 재웠다가 볶아 준비한다.
5. 달걀은 풀어 맛술과 소금을 넣고 밑간해 지단을 만들어 채 썬다.
6. 달군 팬에 올리브유를 넣고 다진 양파를 볶다가 다진 쇠고기, 남은 양념을 넣고 볶아 약고추장을 완성한다.
7. 컵에 밑간한 밥-달래-밑간한 밥-약고추장-밑간한 밥-세발나물무침-밑간한 밥 순으로 올린다.
8. 맨 위에 달걀지단채를 수북이 올리고 그 위에 돌나물을 올린다.

옛날도시락 컵밥

테이크아웃 컵 하나만 있으면 봄소풍 도시락 만들기가 쉽지요. 집에 있는 김치를 맛있게 볶아 김가루와 켜켜이 올리세요. 여기에 분홍소시지를 달걀에 지져 올리면 오래전 엄마 손맛 그대로의 옛날도시락 컵밥이 완성되지요.

밥 1공기(200g), 김치 1컵, 분홍소시지 10cm, 달걀 2개, 메추리알 2개, 올리브유 2큰술, 약고추장 1큰술, 김가루 약간
김치 양념 설탕·들기름 1/2큰술씩
약고추장(10큰술 분량) 고추장 4큰술, 다진 쇠고기 3큰술(50g), 다진 양파 2큰술, 올리고당 1과1/2큰술, 참기름·설탕 1/2큰술씩, 다시마 우린 물 또는 물 1/2컵
밥 밑간 참기름 1작은술, 소금 1/4작은술
달걀 밑간 맛술 1작은술, 소금 1/5작은술

1. 밥은 밑간하고, 김치는 양념을 넣어 팬에 볶는다.
2. 달걀을 풀어 밑간해 달걀물을 만들고, 분홍소시지는 0.5cm 두께로 자른다.
3. 분홍소시지는 달걀물에 묻혀 달군 팬에 올리브유를 둘러 지지고, 남은 달걀물로 달걀지단을 만들어 곱게 채 썬다.
4. 달군 팬에 올리브유를 넣고 다진 양파를 볶다가 다진 쇠고기, 남은 양념을 넣고 볶아 약고추장을 완성한다.
5. 달군 팬에 올리브유를 두른 후 메추리알 프라이를 해준다.
6. 컵에 밑간한 밥-볶음김치-밑간한 밥-김가루-밑간한 밥-달걀지단채--밑간한 밥 순으로 올린다.
7. 맨 위에 분홍소시지, 약고추장, 메추리알 프라이를 올린다.

주먹밥으로 싸는 한입 도시락 ①

힐링 도시락

묵은지쌈 주먹밥 + 새우연겨자샐러드 주먹밥 + 새우날치알 주먹밥

부담 없이 즐기는 힐링 도시락입니다. 주먹밥을 시원한 묵은지에 싸고, 밥 속에 날치알을 섞어 입안에서 축제가 벌어집니다. 연겨자 소스에 버무린 샐러드 주먹밥으로 상큼함을 더했습니다.

주먹밥으로 싸는 한입 도시락 ②

다이어트 도시락

연근초절임 주먹밥 + 케일쌈 주먹밥 + 참나물 구운 주먹밥
연근과 케일, 참나물이 합세한 저칼로리 주먹밥 도시락입니다. 주먹밥 속의 고기쌈장과 오징어젓, 검은깨가 다이어트 식단의 허전함을 달래주지요. 다이어트 중이라도 부담 없이 즐길 수 있어요.

주먹밥으로 싸는 한입 도시락 ③

피크닉 도시락

알리올리오 주먹밥 + 아란치니 주먹밥 + 유부보따리 주먹밥

아이의 소풍이나 운동회, 체험학습 때 단연 인기를 모을 한입 도시락입니다. 새콤한 유부주머니에 불고기·김치·참치를 각각 올리고, 빵가루를 묻혀 튀긴 주먹밥을 하나씩 꺼내 먹기 좋게끔 꼬치에 끼웠어요. 베이컨을 볶아 넣은 알리올리오도 맛있었어요.

주먹밥으로 싸는 한입 도시락 ④

도시락 선물

쇠고기로 감싼 주먹밥 + 까로짜 주먹밥 + 밥새우꽈리고추 주먹밥

주먹밥으로 준비한 도시락 선물입니다. 불고기 양념한 고기에 주먹밥을 감싸 굽고, 치즈를 감춘 주먹밥을 튀겨 쫀득함을 더했지요. 밥새우를 달달 볶아 주먹밥을 뭉친 뒤 깻잎을 리본처럼 둘렀습니다.

후리가케부터 오니기리, 밥케이크까지!
한입에 주먹밥

2023년 2월 14일 4쇄 발행

요 리	//	김봉경&최승봉
요리 어시스트	//	김다영, 김지영
요리 스타일링	//	최근희
사 진	//	박영하 (여름.夏 스튜디오)
디 자 인	//	렐리시
디자인 어시스트	//	르마
펴 낸 이	//	문영애
펴 낸 곳	//	수작걸다
주 소	//	경기 용인시 수지구 동천로 64
이 메 일	//	suzakbook@naver.com
인스타그램	//	@suzakbook
출력·인쇄	//	도담프린팅

값 8,800원

ISBN 978-89-6993-010-1 14590

이 책은 한국출판문화산업진흥원의 출판콘텐츠 창작자금을 지원받아 제작되었습니다.
저작권법에 따라 보호받는 저작물이므로 무단 전재와 무단 복제를 금지하며,
이 책 내용의 전부 또는 일부를 이용하려면 반드시 저작권자와 수작걸다의 서면 동의를 받아야 합니다.
* 인쇄 및 제본에 이상이 있는 책은 바꾸어 드립니다.